Gottfried Kiesow

Baukunst in Hessen

Gottfried Kiesow

Baukunst in Hessen

Von der Romanik zur Moderne

Mit Fotos von Renate Gruber

Herausgegeben vom Hessischen Ministerium
für Wissenschaft und Kunst

THEISS

Die Deutsche Bibliothek – CIP Einheitsaufnahme
Ein Titeldatensatz für diese Publikation ist bei Der Deutschen Bibliothek erhältlich.

Karte S. 8: Kartographie Michael Hermes, Göttingen

Umschlaggestaltung: Neil McBeath, Kornwestheim, unter Verwendung
einer Aufnahme von Renate Gruber (Ernst-Ludwig-Haus, Mathildenhöhe, Darmstadt)

Lektorat: Cornelia Fritsch & Birgit Fiebiger GbR, Filderstadt
Gestaltung und Satz: Cornelia Fritsch & Birgit Fiebiger GbR, Filderstadt
Druck: HMS Druckhaus, Dreieich
Bindung: Buchbinderei Koch, Tübingen
ISBN 3-8062-1374-7

Vorwort

Während meines gesamten bisherigen politischen Lebens, also seit mehr als zweieinhalb Jahrzehnten, gilt dem Denkmalschutz, der Restaurierung, Erhaltung und Pflege unseres reichen baukulturellen Erbes in Hessen mein besonderes Interesse. Ich freue mich, dass ich nun als zuständige Ministerin mein Engagement auf diesem Gebiet noch direkter umsetzten kann als zuvor. Der Reihe großformatiger Wandkalender, die die Baukunst in Hessen anhand jeweils eines historischen Stils präsentierten, begegnete ich vor acht Jahren als einer hervorragenden Möglichkeit, den architektonischen Reichtum unseres Bundeslandes zu zeigen und damit gleichzeitig für die Denkmalpflege zu werben.

In diesem Zusammenhang empfinde ich es als Bestätitung und Genugtuung, dass diese Reihe, deren erster Kalender, die „Romanik in Hessen", 1993 von der damaligen Ministerin Prof. Dr. Evelies Mayer herausgegeben wurde, von mir in diesem Jahr mit der „Klassischen Moderne in Hessen" abgeschlossen werden konnte – eine fruchtbare Kontinuität im Dienst einer wichtigen Sache.

Untrennbar ist diese Reihe natürlich mit einem Mann verbunden, der als Experte für historische Baukunst schlechthin gelten kann: Prof. Dr. Gottfried Kiesow. Auch nach seinem altersbedingten Ausscheiden aus dem Amt des hessischen Landeskonservators befindet er sich stets „auf Achse", um für den Denkmalschutz einzutreten und zu werben. Sein Rat ist weltweit geschätzt; entsprechend schwer ist es, einen Termin mit ihm zu vereinbaren! Um so dankenswerter ist es, dass er sich neben all seiner Arbeit und seinen vielen Reisen als „Botschafter der Baukunst" immer Zeit zur Mitarbeit an der Kalenderreihe genommen hat. Er hat die einzelnen Objekte vorgeschlagen und zu den Gesamt- und Detail-Aufnahmen die passenden Texte gefunden. Wenn man sie liest, wird man gleich in ihren Bann gezogen, denn wie kaum ein anderer versteht es Gottfried Kiesow, die nüchternen baufachlichen Details mit den historischen und gesellschaftlichen Bezügen zu verweben. Da auch eine Prise Humor nicht fehlt, macht es großen Spaß die Kommentare zu lesen.

Zur Kunst der Texte ist die Kunst der Bilder gekommen. In diesem Zusammenhang war es sicher ein Glücksfall, dass man gleich für den ersten Kalender die renommierte Darmstädter Fotografin Renate Gruber gewinnen konnte. Was Kiesow in den Texten vermochte, setzte Renate Gruber – basierend auf langer Erfahrung gerade mit Architektur-Fotografie – erfolgreich in Bildersprache um. Die steinernen Monumente wurden lebendig. Basierend auf den Leistungen dieser beiden Akteure konnte das Hessische Ministerium für Wissenschaft und Kunst eine Kalenderreihe herausgeben, die rasch viele Freunde fand und deshalb auch in zunehmend größerer Auflage gedruckt wurde.

Mit der „Klassischen Moderne" ist nun die Reihe historischer Baustile aus Hessen abgeschlossen. Was lag näher, als die Höhepunkte, die wichtigsten Objekte aus den jeweiligen Kalendern, noch einmal in Buchform herauszugeben, versehen mit erweiterten Kommentaren und Erläuterungen? So wollen wir den kalendarischen Beginn eines neuen Jahrtausends nutzen, um auf tausend Jahre historischer Baukunst in Hessen zurückzublicken. Ich wünsche Ihnen mit diesem Bildband viel Vergnügen!

Ihre Ruth Wagner
Hessische Ministerin
für Wissenschaft und Kunst

Inhalt

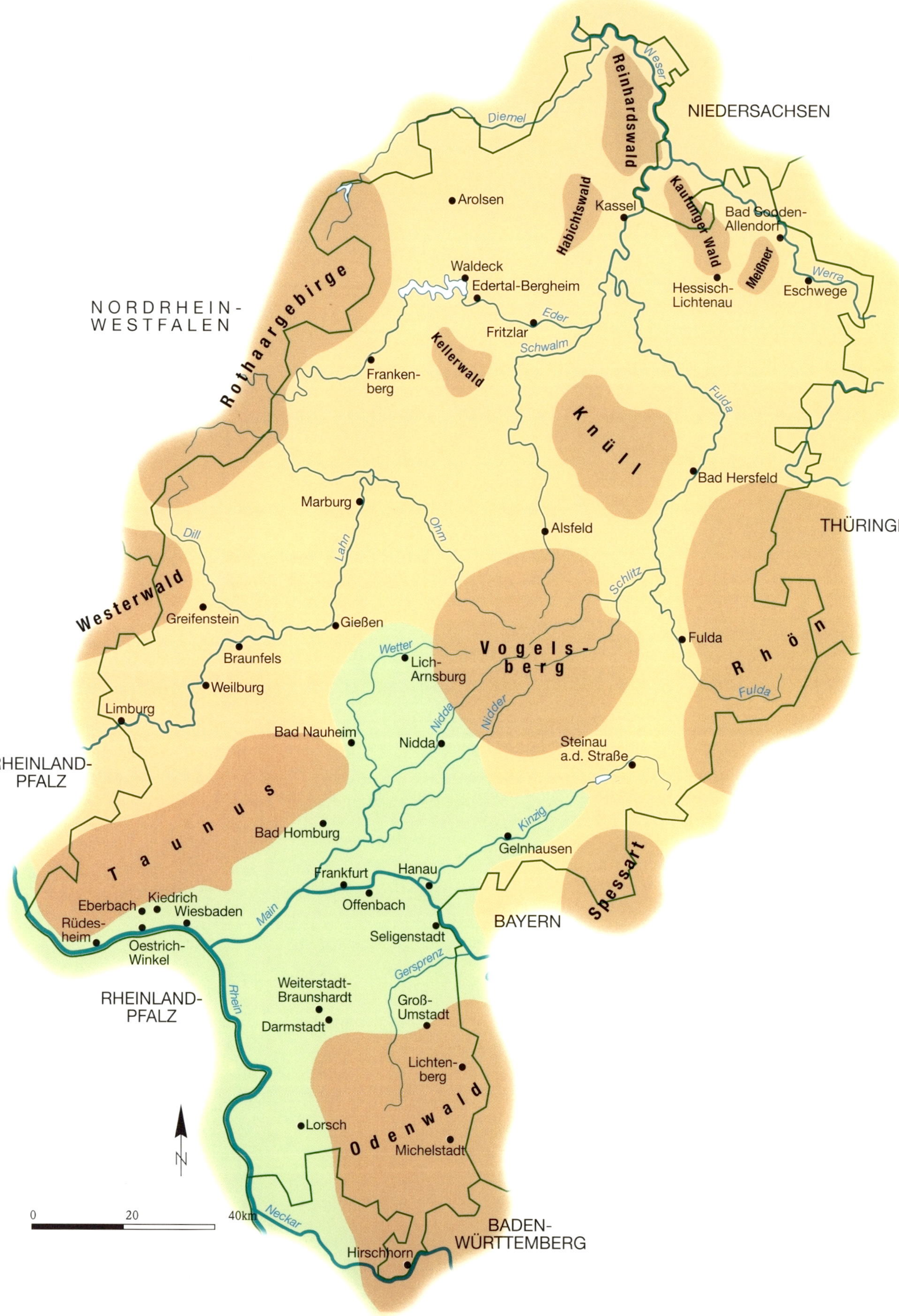
NIEDERSACHSEN
NORDRHEIN-
WESTFALEN
THÜRINGEN
RHEINLAND-
PFALZ
RHEINLAND-
PFALZ
BAYERN
BADEN-
WÜRTTEMBERG
Reinhardswald
Habichtswald
Kaufunger Wald
Meißner
Rothaargebirge
Kellerwald
Knüll
Westerwald
Vogelsberg
Rhön
Taunus
Spessart
Odenwald
Weser
Diemel
Werra
Eder
Schwalm
Fulda
Dill
Lahn
Ohm
Schlitz
Wetter
Nidda
Nidder
Kinzig
Main
Gersprenz
Rhein
Neckar
Arolsen
Kassel
Bad Sooden-
Allendorf
Waldeck
Edertal-Bergheim
Hessisch-
Lichtenau
Eschwege
Fritzlar
Franken-
berg
Bad Hersfeld
Marburg
Alsfeld
Greifenstein
Gießen
Fulda
Braunfels
Lich-
Arnsburg
Weilburg
Limburg
Bad Nauheim
Nidda
Steinau
a.d. Straße
Bad Homburg
Gelnhausen
Frankfurt
Hanau
Eberbach
Kiedrich
Wiesbaden
Offenbach
Rüdes-
heim
Oestrich-
Winkel
Seligenstadt
Weiterstadt-
Braunshardt
Darmstadt
Groß-
Umstadt
Lichten-
berg
Lorsch
Michelstadt
Hirschhorn
N
0
20
40km

Einführung

HESSEN – LAND DER MITTE

Wenn der Titel dieses Buches nicht „Hessische Baukunst" lautet, so soll damit zum Ausdruck gebracht werden, dass es sich bei dem heutigen Hessen nicht um eine einheitliche Kunstlandschaft handelt. Vielmehr existiert das Bundesland in seinen jetzigen, von den alliierten Besatzungsmächten bestimmten Grenzen erst seit 1946. Seine wesentlichen Bestandteile sind folgende, seit dem Wiener Kongress bestehende ehemalige Staaten: das Kurfürstentum Hessen-Kassel, das Fürstentum Waldeck, das Großherzogtum Hessen-Darmstadt, das Herzogtum Nassau und die Freie Reichsstadt Frankfurt am Main. Dabei wurden 1946 linksrheinische Teile des ehemaligen Großherzogtums Hessen-Darmstadt – sie bildeten ab 1918 den Volksstaat Hessen – und der nassauische Regierungsbezirk Montabaur dem Bundesland Rheinland-Pfalz zugeschlagen.
Mit Hessen ist hier also das heutige Bundesland in seinen Grenzen von 1946 gemeint. Landschaftlich wird es von Mittelgebirgen und Flusstälern geprägt. Im Norden ist es der Reinhardswald als Teil des Weserberglandes, der Habichtswald bei Kassel, das Waldecker Bergland und der Meißner. Nach Süden schließen der Keller-Wald und der Knüll an, dann der Vogelsberg und weiter östlich die Rhön. Im Westen gehören nur Teile des Westerwaldes zu Hessen, im Südosten Teile des Spessarts und des Odenwaldes, während der Taunus ein hessisches Gebirge ist. Hessen grenzt an die Bundesländer Nordrhein-Westfalen im Nordwesten, Rheinland-Pfalz im Westen und Südwesten, Baden-Württemberg im Süden, Bayern im Südosten, Thüringen im Osten und Niedersachsen im Norden. Es ist also ein Land der Mitte, zugleich auch ein Durchgangsland, im Mittelalter durchzogen von wichtigen Fernhandelsstraßen, heute von Autobahnen mit hohem, Länder übergreifendem Verkehrsaufkommen. Die Flüsse Weser, Werra, Neckar und Rhein sind Grenzflüsse und gehören anteilig zum Land, der Unterlauf des Mains verläuft ganz in Hessen. Fulda, Eder, Schwalm, Lahn, Nidda und Kinzig sind rein hessische Flüsse. Ihre Talauen trennen die Mittelgebirge und schaffen eine sehr abwechslungsreiche Landschaft.
Hessen gehört zu den waldreichsten Gebieten Deutschlands: Der Wald bedeckt 39 % seiner Oberfläche. Seit dem hohen Mittelalter liegt der wirtschaftliche Mittelpunkt im Rhein-Main-Gebiet mit dem Zentrum Frankfurt. Für die siedlungs-, kirchen- und kulturgeschichtliche Entwicklung Hessens im Mittelalter war die Teilung seines Gebietes durch den römischen Limes von Bedeutung, ja, sie wirkt sich auch heute noch in der Mentalität der Bevölkerung aus. Im ehemals von den Römern nicht besetzten, von den Chatten besiedelten Norden ist die Grundhaltung eher konservativ – südlich des Limes mit der Mischung von Kelten, Alamannen, Mattiakern, Römern und anderen, von letzteren unterjochten Völkern eher progressiv.
In der Frühgeschichte herrschte der Holzbau vor, durch den Reichtum an Wäldern blieb er als Fachwerkbau durch die gesamte Architekturgeschichte bis zur Industrialisierung von zentraler Bedeutung. Die Steinbaukunst begann mit den Römern um die Mitte des ersten Jahrhunderts n. Chr. Davon ist heute längst nicht mehr so viel sichtbar wie in Trier, Köln oder gar der Provence. Doch kann man voraussetzen, dass im frühen Mittelalter noch Kastelle, Türme und Reste der Siedlungen der Römer als Ruinen sichtbar waren, bevor sie – als Steinbrüche benutzt – endgültig verschwanden. Diese römischen Bauten haben die erste frühmittelalterliche Steinbaukunst im Gebiet des Königssondergaues am Rhein zwischen Lorch und Lorsch nachhaltig beeinflusst und so zur Ausbildung der Kulturlandschaft am Mittelrhein beigetragen. Dadurch und durch die Mission des Bonifatius wurde Hessen neben Aachen und dem Raum an Rhein und Maas zum Zentrum der karolingischen Baukunst. Die Großbauten der Klosterkirchen von Fulda, Hersfeld und Lorsch sind zwar bis auf wenige Fundament- und Mauerreste verschwunden, doch blieben weitere zehn karolingische Bauten ganz oder in wesentlichen Teilen erhalten.
Anlass für die rege Bautätigkeit im Zeitalter der Karolinger war die fränkische Besiedlung des von den Chatten bewohnten Nordens, die offensichtlich planmäßig verlief. Das zeigt das Beispiel von Homberg an der Efze, das mit seinen Dörfern Ostheim, Westheim, Nordheim und Sondheim (= Südheim) vom zentralen Burgberg ausgehend angelegt wurde. Die Forschungen von Willi Görich und die Ausgrabungen von Rolf Gensen haben in den vergangenen drei Jahrzehnten neue Erkenntnisse zur fränkischen Besiedlung gebracht. Danach ist bei zentralen Orten häufig ein wiederkehrendes Siedlungsschema festzustellen: die fränkische Burg auf einem Bergkegel, auf halber Höhe darunter liegend eine Kirche und wiederum darunter eine angelegte Ortschaft; Beispiele sind Homberg an der Ohm, Homberg an der Efze, Gudensberg und Marburg.
Parallel zur Siedlungspolitik des fränkischen Reiches erfolgte die Christianisierung mit dem Aufbau einer Kirchenverwaltung, die jedoch in Nordhessen zunächst durch die eigenständige, im direkten Auftrag des Papstes erfolgte Mission des Angelsachsen Bonifatius mit der Gründung des Bistums Büraberg unterlaufen wurde. Nachdem Bonifatius aber 747 zum Erzbischof von Mainz bestimmt und damit in die fränkische Kirchenverwaltung integriert worden war, wurde bald nach seinem Tod 754 das einzige mittelalterliche Bistum

auf hessischem Boden aufgelöst und der Erzdiözese Mainz einverleibt. Erst seit 1757 mit der Erhebung der Fürstabtei Fulda zum Fürstbistum und mit der 1827 erfolgten Einrichtung eines Bistums Limburg gibt es hessische Bistümer. Bis dahin gehörten die größten Teile Hessens dem Erzbistum Mainz, das als geistliches Fürstentum – später Kurfürstentum – auch bald neben und in Konkurrenz zu den Landgrafen von Hessen zur beherrschenden Territorialmacht wurde.

ZENTRALE ROLLE IM FRÄNKISCHEN REICH

Die zentrale Rolle Hessens im fränkischen Reich kommt auch darin zum Ausdruck, dass die deutschen Karolinger nach der Reichsteilung 843 die Reichsabtei Lorsch zu ihrer Grablege erwählten und eine eigene Grabeskapelle an die Klosterkirche anbauten. Nach dem Aussterben der Karolinger schien es, als behalte Hessen seine Funktion als Mittelpunkt des Reiches, denn mit der Wahl Konrads I. (911–19) wurde ein Angehöriger des im unteren Lahngau ansässigen Geschlechts der Konradiner deutscher König. Doch Konrad erkannte die eigene Ohnmacht gegenüber den mächtigen Stammesherzögen und schlug selbst Heinrich I. (919–36) aus dem in Gandersheim und Quedlinburg begüterten Geschlecht der Liudolfinger zu seinem Nachfolger vor. Unter den sächsischen Kaisern und Königen (919–1024) verlagerte sich die Reichsgewalt nach Norden in den Harzraum und Hessen verlor seine Bedeutung als Mittelpunkt des Reiches. Das wirkte sich auch auf die ottonische Baukunst aus, die nach den drei sächsischen Königen Otto I., II. und III. ihren Namen erhalten hat. Es wurde zu dieser Zeit in Hessen kaum etwas gebaut; die karolingischen Pfalzen des Reiches in Frankfurt am Main und Trebur benutzte man nur noch selten, bis sie schließlich dem Verfall überlassen wurden.
Mit den salischen Kaisern gelangte der Mittelpunkt der Reichspolitik zwar wieder nach Süden, jedoch nicht nach Hessen, sondern in das Gebiet des heutigen Rheinland-Pfalz, was an den Kaiserdomen in Mainz, Worms und vor allem Speyer als Grablege der Salier zum Ausdruck kommt. Auch in dieser Zeit leistete Hessen keinen wesentlichen Beitrag zur deutschen Baukunst, ausgenommen die Abteikirche von Hersfeld, die nach dem Dom in Speyer der bedeutendste salische Sakralbau der romanischen Baukunst in ihrer klassischen Stilstufe ist.

MITTELPUNKT DER REICHSPOLITIK IN DER STAUFERZEIT

Eine neue Bedeutung erhielt Hessen im Zeitalter der staufischen Herrscher (1138–1254), die einem bis dahin unbedeutenden schwäbischen Geschlecht angehörten und deshalb eine Stärkung der Reichsgewalt gegen die mächtigen Herzöge von Sachsen und Bayern betreiben mussten. Dazu gehörte die Förderung der zu einem wichtigen Handelszentrum heranwachsenden Reichsstadt Frankfurt und die Sicherung des Reichsfriedens im Umland von Wetterau und Maingebiet durch die systematische Anlage von Burgen und Städten.
Sichtbares Zeichen für die erneute Rolle Hessens als Mittelpunkt der Reichspolitik in Deutschland ist der Bau des Saalhofes in Frankfurt am Main, der Kaiserpfalz in Gelnhausen und der Reichsministerialen-Burgen in Münzenberg und Büdingen. Mit ihnen leistete Hessen einen überregional bedeutsamen Beitrag zum staufischen Profanbau in Deutschland, gleichrangig dem im Sakralbau mit der Stiftskirche in Limburg an der Lahn und der Marienkirche in Gelnhausen. Darüber hinaus sind aus dieser Zeit mehr als einhundert mittlere und kleinere romanische Kirchenbauten in Hessen erhalten geblieben, in einer besonderen Dichte in der Grafschaft Waldeck, die damals unter dem Einfluss des Bistums Paderborn und der Abtei Corvey stand.
In die Regierungszeit der Staufer fällt die Entwicklung und Neugründung der meisten hessischen Städte. Sie bildeten sich allmählich um Burgen oder Klöster als Keimzellen, wie in Limburg, Fritzlar, Fulda und Hersfeld, oder planmäßig von den Territorialherren angelegt, so in Melsungen, Friedberg, Gelnhausen und Alsfeld. Anlass für die stürmische Entwicklung der Städte waren zum einen die Ausweitung des Handels nach den Kreuzzügen mit der Niederlassung der bis dahin von Markt zu Markt reisenden Kaufleute und zum anderen die Politik der Territorialherren zur Ausbildung von Staaten mit festen Grenzen anstelle der bis dahin existierenden, relativ lockeren Stammesgebiete.

DIE HEILIGE ELISABETH UND DIE LANDGRAFEN VON HESSEN

Das Ende der Stauferzeit fällt mit dem Übergang von der romanischen zur gotischen Baukunst zusammen. Der Baubeginn der Elisabethkirche in Marburg 1235 als erste deutsche Kirche in hochgotischen Formen gehört noch in die Regierungszeit von Kaiser Friedrich II., der persönlich an der Heiligsprechung der Namensgeberin beteiligt war. Als Hallenkirche auf basilikalem Grundriss mit breitem Mittelschiff und schmalen Seitenschiffen wurde sie zur Mutterkirche einer Bauschule, von der man behaupten kann, sie sei eine hessische, denn ihre Nachfolgebauten konzentrieren sich auf das Landgrafentum Hessen in seinen damaligen Grenzen. Die Reichsstädte Friedberg, Frankfurt und Wetzlar nehmen zwar Einflüsse der Marburger Schule auf, mischen sie aber mit solchen der ober-und mittelrheinischen Bauschule. Andererseits strahlt die Elisabethkirche als wichtigster Sakralbau des Deutschen Ordens nach Thüringen und in die osteuropäischen Kolonisationsländer aus. Hessen hat mit ihr einen eigenständigen, wesentlichen Beitrag zur Baukunst der Gotik in Deutschland geleistet. Vom Bau des Domturmes in Frankfurt nach den Plänen des Baumeisters Madern Gerthener ausgehend entwickelte sich hier und im Rheingau eine spätgotische Bauschule. In der profanen Baukunst dominieren die Burgen, von denen in Hessen rund 800 nachzuweisen sind. Der vielgestaltigen Topografie folgend sind alle Typen von der Gipfel-, Hang- oder Spornburg bis zur Wasserburg vorhanden. Dabei unterscheiden sie sich in der Größe und Ausprägung nach der Funktion als Sitz eines Landesherren, als Zollburg, Sperrfeste oder bescheidener Wohnbau eines Lehnsmannes.
In seiner territorial- und kunstgeschichtlichen Bedeutung ragt das Schloss in Marburg als Residenz der Landgrafen von Hessen hervor. Es gehört zusammen mit dem Papstschloss in

Avignon und dem Deutschordensschloss in Marienburg zu den größten und besonders aufwendig ausgestatteten Schlössern der Gotik. Beim Bau des Marburger Schlosses orientierte man sich am ehemaligen Schloss der Könige von Frankreich in Paris, von dem allerdings nur die Saint Chapelle erhalten geblieben ist. Wenn ihre Bauformen in die Nähe der Sakralbauten rücken, so wird dies legitimiert durch die heilige Elisabeth, die Großmutter des Bauherren Landgraf Heinrich I. Deren Verehrung durch das Volk schon zu Lebzeiten veranlasste die hessische Ritterschaft, den Enkel im Erbfolgekrieg nach dem Erlöschen der Landgrafen von Thüringen zu unterstützen, wodurch es 1265 zur Abtrennung von Thüringen und zur Bildung eines selbständigen Landgrafentums Hessen kam. Die hessischen Landgrafen trachteten beim Ausbau ihres Staates, ihr Territorium auszuweiten und mussten sich dabei mit ihren stärksten Rivalen, den Erzbischöfen und zugleich Kurfürsten von Mainz auseinander setzen. Dieser Machtkampf prägte das ganze 14. und noch Teile des 15. Jahrhunderts. Schien es anfangs so, als sollten sich die Mainzer Kurfürsten durchsetzen, siegten am Ende doch die Landgrafen von Hessen. Sie konnten ihr Herrschaftsgebiet durch Erbschaften und Eroberungen immer weiter bis in den Odenwald und an den Rhein bei St. Goar ausdehnen. Zugleich erstarkte das reichsfreie Frankfurt durch seinen aus der Messe gewonnenen Reichtum und die Privilegien, die es wie andere Städte Hessens in einem geschickten Ausspielen der Reichsgewalt gegen die Territorialmächte erworben hatte.
Die Fachwerkbaukunst erfuhr in Hessen schon in der Gotik eine besondere Ausprägung. Durch die Methoden der Dendrochronologie – der Altersbestimmung des Bauholzes nach den Jahresringen des Eichenholzes – sind im Rahmen der Altstadtsanierung in den zurückliegenden 30 Jahren zahlreiche gotische Ständerbauten entdeckt worden, die derzeit ältesten von 1289 in Limburg an der Lahn und von 1291 in Frankfurt-Sachsenhausen. Leider hat der Zweite Weltkrieg die Altstadt von Frankfurt am Main vernichtet, sonst hätte die Forschung hier die ältesten und aufwendigsten Fachwerkbauten entdecken können. Neben Bürgerhäusern hinterließ die Gotik auch zahlreiche Rathäuser aus Fachwerk; die von Alsfeld und Michelstadt zählen zu den besten Beispielen in Deutschland.

REFORMATION, DREISSIGJÄHRIGER KRIEG UND DIE FOLGEN

Ist Hessen mit der Bauschule der Elisabethkirche und dem Schloss in Marburg wie auch durch seine Fachwerkbauten im Gesamtkonzert der deutschen Gotik würdig vertreten, so ist sein Beitrag zur Renaissance eher bescheiden, vor allem wenn man ihn allein an erhaltenen Bauten misst. Denn das wichtigste Werk, das Residenzschloss in Kassel, brannte 1811 ab; das Schloss in Rotenburg an der Fulda verlor wegen des schlechten Untergrunds seine wichtigsten Bauteile wie die Schlosskapelle, und das Schloss in Schmalkalden gehört seit 1944 zu Thüringen. Kirchengeschichtlich war die Einführung der Reformation, zum ersten Mal durch einen deutschen Staat, 1526 durch die Synode in der Stadtkirche von Homberg an der Efze ohne Zweifel von großer, folgenreicher Bedeutung. Sie wies dem Landesherren Philipp dem Großmütigen die Führungsrolle unter den protestantischen Fürsten zu, womit Hessen erstmals ein gesamtdeutsches Gewicht erhielt. Doch hemmten die Folgen des verlorenen Schmalkaldischen Krieges mit der zeitweisen Gefangenschaft und Absetzung des Landgrafen sowie der Schleifung seiner Landesfestungen die weitere Entwicklung des Landes; noch mehr dessen Aufteilung unter den vier Söhnen Philipps durch sein Testament von 1567. Damit wurde die Ausbildung eines hessischen Gesamtstaates für Jahrhunderte verhindert. Zwar erloschen die Landgrafschaft Hessen-Rheinfels bereits 1583 und die Marburger Linie 1604, jedoch entbrannte um deren Erbfolge ein erbitterter Streit zwischen den Landgrafen von Hessen-Kassel und denen von Hessen-Darmstadt; diese blutigen Auseinandersetzungen machten Hessen im Dreißigjährigen Krieg zum Zentrum des Kampfes der katholischen Fürsten gegen die protestantischen. Für den Kirchenbau war unter diesen ungünstigen Rahmenbedingungen des 16. Jahrhunderts keine Blütezeit. Nur in Hungen und Nidda entstanden evangelische Pfarrkirchen; im Übrigen richteten sich die Protestanten mit Emporen, Orgeln und Gemeindegestühl in den ehemals katholischen Kirchen ein, zunächst ohne Bildersturm auf die mittelalterlichen Altäre und Andachtsbilder. Deren Zerstörung setzte erst ein, nachdem Landgraf Moritz der Gelehrte vom lutherischen zum reformierten Bekenntnis übergewechselt war. Nur in der selbständigen Grafschaft Waldeck und in der Stadt Marburg, deren Universität sich widersetzte, blieben die gotischen Altäre erhalten.
Der Dreißigjährige Krieg wirkte sich mit den Plünderungen, Brandschatzungen, Hungersnöten und Gemetzeln einer entfesselten Soldateska besonders schrecklich in Hessen aus. Die Schilderungen von Grimmelshausen über Gelnhausen in seinem „Simplizissimus“ machen das ganze Ausmaß der Zerstörungen deutlich. Die Bevölkerung schrumpfte in einigen besonders betroffenen Gebieten auf 20 %. Sooden-Allendorf wurde 1637 von den Kroaten gänzlich niedergebrannt. Nur langsam erholte sich das Land von den Verwüstungen. Mit der Gesamtbevölkerung waren auch die künstlerischen Kräfte stark reduziert worden.

RESIDENZEN, STADTGRÜNDUNGEN, SCHLOSSANLAGEN

Dieses Vakuum füllten italienische Architekten, Stuckateure und Freskomaler aus der Gegend von Lugano, z. B. Giovanni Francesco Guerniero in Kassel, Andreas Gallasini in Arolsen und Fulda, Carlo Maria Pozzi und Luca Antonio Colomba in Wiesbaden-Biebrich. Erst im 18. Jahrhundert traten wieder verstärkt einheimische Künstler auf, so z. B. Emmanuel Wohlhaupter in Fulda oder der sehr begabte Freskenmaler Johann Baptist Enderle in Hochheim am Main, dessen Deckengemälde in der katholischen Pfarrkirche St. Peter und Paul vor kurzem bei der Reinigung von entstellenden Schmutzschichten neu entdeckt wurden. Das Schwergewicht der Bauaufträge lag in den vielen kleineren und mittleren Residenzstädten, die von den absolutistisch regierenden Landesherren nach dem Vorbild des Sonnenkönigs Ludwig XIV. und seines Sommerschlosses in Versailles ausgebaut wurden, zum Teil um die Erhebung in den Fürstenstand – bei Fulda zum Fürstbistum – vorzubereiten oder zu dokumentieren wie bei Arolsen, Büdingen und Birstein. Hier wurde die Zersplitterung des Landes in eine Vielzahl von Fürstentümern, Grafschaften und selbständigen Herrschaften wie Schlitz und Lauterbach zum Vorteil für die Baukunst. Neugründungen von Städten oder planmäßige

Stadterweiterungen dienten hauptsächlich der Aufnahme von Religionsflüchtlingen, den Hugenotten, Waldensern und Wallonen. Man half ihnen nicht allein aus ideellen Gründen, sondern auch wegen ihrer besonderen beruflichen Fähigkeiten auf dem Gebiet der Landwirtschaft und der Manufakturen, der vorindustriellen Form der Produktion von Gebrauchsgütern. Neu-Isenburg südlich Frankfurt, Friedrichstadt bei Bad Homburg, Karlshafen an der Weser und zahlreiche Dörfer sowie die Neustädte von Kassel und Hanau gehen darauf zurück. Für die deutsche Baukunst von Bedeutung sind die planmäßig angelegten oder erweiterten Barockstädte Arolsen, Karlshafen und Fulda, zumal sie weitgehend unverändert erhalten geblieben sind, was in dieser Form nur noch bei Potsdam der Fall ist. Unter den Schlossbauten können überregionale Bedeutung beanspruchen: Arolsen, Wilhelmsthal bei Kassel und die Fasanerie bei Fulda wegen ihrer komplett erhaltenen Ausstattung und das Orangerieschloss von Fulda sowie das Schloss Biebrich. Vertreter der ersten Garnitur deutscher Barockarchitekten wie François de Cuvilliés, Johann Dientzenhofer und Maximilian von Welsch waren hier neben einheimischen Baumeistern wie Julius Ludwig Rothweil und Friedrich Joachim Stengel tätig. Mit dem Berggarten von Kassel-Wilhelmshöhe besitzt Hessen ein Gartendenkmal größter Bedeutung, das die Erhebung zum Weltkulturerbe verdienen würde.

Im Kirchenbau gibt es in der großen Zahl von Bauten nur drei herausragende: den vom römischen Barock geprägten Dom in Fulda von Johann Dientzenhofer, die katholische Pfarrkirche in Heusenstamm von Balthasar Neumann und die evangelische Schlosskirche in Weilburg von Julius Ludwig Rothweil. An überregional bedeutenden Barockbauten liegt Hessen weit hinter Bayern, Sachsen und Baden-Württemberg, aber deutlich vor den norddeutschen Ländern Niedersachsen, Schleswig-Holstein und Mecklenburg-Vorpommern.

Im Fachwerkbau wurde in Hessen ein wesentlicher Beitrag bei der Ausbildung reicher, vom Werksteinbau abgeleiteter Schmuckformen geleistet. Das umgehend nach der Zerstörung 1637 wieder aufgebaute Sooden-Allendorf, aber auch Eschwege und Wanfried, Melsungen, Limburg, Camberg und Herborn liefern dafür die Beispiele. Dabei übernahm das hessische Fachwerk Formen aus Thüringen und Franken, aus dem Rheinland und dem südlichen Niedersachsen und verarbeitete sie zu eigenständigen Ausprägungen. Bedeutet die Zeit des Barock bis etwa 1700 einen Höhepunkt in der Entwicklung von Schmuckformen des Fachwerks, so ist sie ab der Mitte des 18. Jahrhunderts zugleich das Ende des Sichtfachwerks. Für die an Frankreich orientierten absolutistischen Fürsten war es eine bürgerlich-ärmliche Bauweise; deshalb verordneten sie das Verputzen bereits bestehender Bauten, wobei Gründe des Brandschutzes vorgeschoben wurden. Man baute zwar aus Kostengründen auch weiter in Fachwerk, legte dies aber von vornherein auf einen Verputz an, indem man das billige Nadelholz verwendete und keine Sorgfalt auf eine Symmetrie oder Ausschmückung der Konstruktion mehr legte; es gab auch keine Vorkragungen der Obergeschosse mehr. In Hessen wurden die Fassaden der Bürgerhäuser von der Mitte des 18. Jahrhunderts an immer schlichter, nur die sparsam profilierten Gesimse, die Sprossenfenster und die Klappläden belebten die glatten Putzflächen. So stellte beim Bürgerhausbau der Übergang zum Klassizismus keinen gravierenden Einschnitt dar, nur die Dachform änderte sich etwas. Anstelle der hohen Walm- oder Mansarddächer traten flachgeneigte Satteldächer, die sich häufig hinter einer Attika verbargen und so ein Flachdach vortäuschten. Bei den öffentlichen Bauaufgaben orientierte man sich erst an der griechischen, dann an der römischen Baukunst, nachdem die Begeisterung für die Antike durch Johann Joachim Winckelmann (1717–68) mit seinem Werk „Geschichte der Kunst des Alterthums" von 1763 geweckt worden war.

HESSEN IM 19. JAHRHUNDERT

Der Klassizismus war zugleich eine Protestbewegung gegen die Kunst des Absolutismus. Zwar entstanden die meisten Werke der so genannten Revolutionsarchitektur der Architekten Claude-Nicolas Ledoux (1736–1806) und Étienne Louis Boullée (1728–99) noch vor dem 14. Juli 1789, doch wurde die antike Kunst auch aus politischen Gründen zum Vorbild genommen, weil man in den griechischen Städten das Ideal einer demokratischen Lebensform sah. Die Französische Revolution, die Koalitionskriege, die napoleonischen Eroberungskriege und die deutschen Befreiungskriege prägten die Ära des Klassizismus und bewirkten auf vielen Gebieten das Ende der alten Ordnung. Nach dem Sieg Napoleons mussten die deutschen Fürsten der Koalition zu Gunsten Frankreichs auf die linksrheinischen Gebiete verzichten; sie entschädigten sich mit dem Reichsdeputations-Hauptschluss von 1803 am Vermögen der Kirche. So wurden die geistlichen Fürstentümer und der Zisterzienserorden aufgehoben. Für Hessen bedeutete dies eine Veränderung der Landkarte. Wieder einmal war es politisch gespalten, denn Kurhessen blieb auf der Seite der Koalition gegen Frankreich, während sich Nassau – jetzt Herzogtum – und Hessen-Darmstadt – jetzt Großherzogtum – dem Rheinbund Napoleons anschlossen. Darmstadt profitierte von der Auflösung der kleinen, reichsunmittelbaren Herrschaften, Nassau erhielt Limburg vom aufgelösten Kurfürstentum Trier, den Rheingau von Mainz und dazu Kloster Eberbach vom Zisterzienserorden. Kassel wurde dem Königreich Westfalen unter Napoleons Bruder Jérôme zugeschlagen, nachdem es zuvor vom Deutschen Bund zum Kurfürstentum erhoben worden war; beim Wiener Kongress wurde ihm das 1803 aufgelöste Fürstbistum Fulda hinzugefügt.

Noch entscheidender für die Veränderung der staatlichen Ordnung war der Sieg Preußens 1866 über Österreich und seine Verbündeten, zu denen Kurhessen, Hessen-Darmstadt, Nassau und Frankfurt am Main gehörten. Sie wurden – mit Ausnahme von Hessen-Darmstadt – zu preußischen Regierungsbezirken; Frankfurt am Main verlor seinen Status als Reichsstadt. Das Heilige Römische Reich Deutscher Nation hatte ohnehin 1806 sein Ende gefunden. So war das Gebiet des heutigen Bundeslandes Hessen zu zwei Dritteln Teil Preußens. Nur Hessen-Darmstadt blieb selbständig, geschützt durch seine Verwandtschaft mit dem russischen Zarenhaus, mit dem sich Bismarck nicht anlegen wollte. Da das Fürstentum Waldeck nicht auf der Seite Österreichs gestanden hatte, blieb es ebenfalls unangetastet, schloss sich aber 1921 freiwillig Preußen an.

So brauchte man 1946 nur die ehemalig preußischen Gebiete mit dem 1918 aus dem Großherzogtum hervorgegangenen Volksstaat Hessen-Darmstadt zum Bundesland Hessen zu vereinen. Der Name Nassau ging dabei verloren, obwohl es doch nahegelegen hätte, das Land Hessen-Nassau zu nennen, wie es 1868 es beim nie ganz vollzogenen Zusammenschluss der Regierungsbezirke Kassel und Wiesbaden zur preußischen Provinz Hessen-Nassau erfolgt war. Das Herzogtum Nassau hatte nur von 1806–66 bestanden. In diesen 60 Jahren konnte sich in der Bevölkerung kein Landesbewusstsein ausbilden. Zuvor gab es zahlreiche nassauische Grafschaften und Fürstentümer, die immer wieder durch Erbgang zusammengeschlossen wurden, um anschließend erneut unter den Erben aufgeteilt zu werden. Der ausgeprägte Familiensinn der Nassauer verhinderte die Primogenitur – das alleinige Erbrecht für den Erstgeborenen – und damit den Aufstieg zu einem wenigstens mittelgroßen Staat. Dass gerade in der Landeshauptstadt Wiesbaden der Verlust der staatlichen Autonomie nicht besonders betrauert wurde, hängt mit dem steilen wirtschaftlichen Aufstieg zusammen, der durch die Sommeraufenthalte der Kaiser Wilhelm I. und besonders Wilhelm II. ausgelöst wurde. Frankfurt blieb nach wie vor die wichtigste Handelsmetropole und profitierte vom allgemeinen wirtschaftlichen Aufschwung nach dem Sieg über Frankreich 1871; Kassel profitierte von der Industrialisierung. Hier hatte bereits Landgraf Karl (1670/77–1730) mit der Anlage des Messinghofes 1679 in Bettenhausen und mit einer Geschütz- und Glockengießerei 1710 die Grundlagen geschaffen. Aus letzterer ging 1810 die Firma Henschel hervor, die außer Kriegsmaterial auch Lokomotiven und später Lastwagen herstellte. Heute zeugt von ihr nur noch die Gießhütte von 1838, ein kleiner klassizistischer Zentralbau nach dem Vorbild des Pantheon in Rom. Im Übrigen sind Industriedenkmäler selten, denn bis 1945 war Hessen vorwiegend ein Agrarland. Nur im Dilltal gab es seit dem Mittelalter eine eisenverarbeitende Industrie. Nach dem Bau der Eisenbahn, die Kohle aus dem Ruhrgebiet zu den Eisenerzen dieses Gebietes preiswert heranschaffen konnte, entwickelte sich Wetzlar zu einer Industriestadt mit Weltfirmen wie Buderus und Leitz. Da die Frankfurter Kaufmannschaft wegen des Gestanks und Lärms keine Industrie in den Stadtgrenzen haben wollte, siedelten sich die Farbwerke im nahen Höchst an. Erst nach dem Neubau des nach Westen aus dem Zentrum verlagerten Hauptbahnhofs 1883–88 konnten sich 1887 zwischen den Gleisanlagen die Adlerwerke niederlassen. Ein weiteres Zentrum der Industrialisierung wurde Darmstadt, wenn auch verhältnismäßig spät und in begrenztem Umfang im Vergleich zu Berlin, dem Ruhrgebiet oder dem Saarland.

Die wichtigsten Zeugnisse des Historismus liegen in Wiesbaden, das zu einem der am besten erhaltenen Stadtdenkmale des 19. Jahrhunderts zählt. Nach dem weitgehenden Verlust der innerstädtischen Wohnviertel und der Villen im Tiergartenviertel von Berlin ist die Bedeutung von Wiesbaden für den Städtebau des 19. Jahrhunderts noch gestiegen. Die Marktkirche und die Russische Kirche haben als Denkmäler des romantischen Historismus einen nationalen Rang. Durch den jährlichen Aufenthalt des Kaisers hielt man hier an der wilhelminischen Pracht noch in einer Zeit fest, als in Darmstadt auf der Mathildenhöhe bereits der Jugendstil Einzug gehalten hatte.

NEUBEGINN IM 20. JAHRHUNDERT

Ein Vergleich des 1901 von Joseph Maria Olbrich erbauten Ernst-Ludwig-Hauses mit dem Foyer des Hessischen Staatstheaters in Wiesbaden von 1902 macht den Neubeginn deutlich. In Darmstadt gibt es mit den relativ schlichten, fast schmucklosen Putzfassaden schon ein Anklingen an den sachlichen Stil des neuen Jahrhunderts. In Wiesbaden spürt man einen letzten, rauschenden Akkord auf die ausklingende Gründerzeit mit ihrem Prunkbedürfnis. Mit der Mathildenhöhe in Darmstadt hat Hessen den wichtigsten Beitrag zum Jugendstil in Deutschland geleistet und zugleich mit dem Hochzeitsturm erste Ansätze für die klassische Moderne der Zwanziger Jahre hervorgebracht.

Auch auf dem Gebiet des Kirchenbaus hat es vornehmlich mit den zahlreichen Schöpfungen von Friedrich Pützer überregional bedeutende Zeugnisse des Jugendstils aufzuweisen. Großherzog Ernst-Ludwig war durch seine musische Begabung nicht nur ein Förderer progressiver, als republikanisch verschrieener Kunst, sondern auch der Initiator für das erste moderne Denkmalschutzgesetz in Deutschland von 1902; es schützte bereits die bürgerliche und bäuerliche und nicht nur – wie bis dahin – die adlige Kultur und kannte auch Entschädigungsregelungen sowie einen Landesdenkmalrat.

Der Erste Weltkrieg bedeutete wie der Dreißigjährige Krieg und wie die napoleonischen Feldzüge wieder einen tiefen Einschnitt, jetzt mit dem Ende der Monarchie, wodurch deren Schlösser ihre Nutzung verloren. Zugleich ermöglichte der Bruch mit der alten Standesordnung den Aufbruch in eine neue, wie man hoffte bessere Zukunft. Die Architekten und Städtebauer der Neuen Sachlichkeit waren in den Zwanztiger Jahren ganz vom Fortschrittsglauben erfüllt. Sie wollten einer neuen Gesellschaftsordnung auf der Basis des Sozialismus durch ihre Bauten den Weg bereiten. Die Frankfurter Siedlungen und Großbauten von Ernst May und seinem Team sind dafür in Deutschland neben den Schöpfungen der Brüder Bruno und Max Taut in Berlin und Magdeburg die wichtigsten Zeugnisse. Mit der ganz auf Funktion, niedrige Baukosten durch Rationalisierung und weitgehenden Verzicht auf schmückende Details ausgerichteten Bauweise wurden die Grundlagen für die Architektur des 20. Jahrhunderts bis in unsere Tage gelegt.

Gegen diese Bestrebungen wandte sich die so genannte Heimatschutzbewegung einer Gruppe von Architekten, die an konventionellen Bauformen wie Steildächern festhielt. Als weitere Stilrichtung gab es den Expressionismus. Die Anlage von Stadtrandsiedlungen nach dem Vorbild englischer Gartenstädte leitete eine dezentrale Entwicklung im Städtebau ein, die in der 1933 beschlossenen Charta von Athen ihren Niederschlag fand. Sie propagierte die Entmischung der Stadtfunktionen. Recht spät wurde sie 1941 von Le Corbusier veröffentlicht, und ihre eigentlichen Auswirkungen in Deutschland erreichte sie erst beim Wiederaufbau der Städte nach den Zerstörungen des Zweiten Weltkriegs: mit der Verödung der Innenstädte durch die Monostruktur als Einkaufs- und Dienstleistungszentren und durch die Anlage von Trabantenstädten ausschließlich für das Wohnen.

Jeweils zu Jahrhundertwenden waren die ersten Zeichen für neue Entwicklungen in der Architektur zu erkennen, zuletzt um 1900 auf der Mathildenhöhe in Darmstadt. Man darf gespannt sein, welche neuen Stiltendenzen das kommende Jahrhundert für uns bereit hält. Vielleicht sind sie schon in den Köpfen einiger innovativer Architekten geboren und warten nur auf ihre Entdeckung.

Romanik

Die romanische Baukunst reicht in Deutschland von den ersten Anfängen im 8. Jahrhundert bis zur Mitte des 13. Jahrhunderts. Zuerst entwickelten sich die karolingische und die ottonische Baustilphase. Mit diesen beiden auch als vorromanisch bezeichneten Stilen begann die christliche Baukunst nördlich der Alpen. Weiter gehören zur Romanik die salische Baukunst als klassische Reife und die staufische als Ausklang und Übergang zur Gotik. Die Verwendung der Namen fränkischer und deutscher Herrschergeschlechter für die Stilphasen der romanischen Baukunst hat seine Berechtigung, denn in vielen Fällen beteiligten sich die Kaiser und Könige direkt als Stifter von Abteien und Domen.

Hessen entwickelte sich unter den karolingischen Kaisern zum Zentrum der fränkischen Siedlungspolitik. Dafür spricht die Anlage dreier karolingischer Pfalzen: Ingelheim, Frankfurt am Main und Trebur. Ein weiterer Hinweis darauf ist die Konzentration karolingischer Kirchenbauten; zehn Anlagen sind in Hessen mit wesentlichen Bauteilen erhalten geblieben, und mehr als die Hälfte liegen im Gebiet südlich des ehemaligen Limes: die Königshalle in Lorsch, die Laurentiuskirche in Trebur, die Justinuskirche in Frankfurt-Höchst, die Einhardsbasiliken in Michelstadt-Steinbach und Seligenstadt sowie die alte Dorfkirche von Bad König. Der Norden Hessens war länger als der Süden heidnisch geblieben; so wirkte z. B. Bonifatius zunächst in Fritzlar – wo allerdings karolingische Bauten nicht mehr erhalten sind –, dann in Fulda. In diesem Gebiet bewahren die Michaelskirche neben dem Dom sowie die ehemalgen Klosterkirchen in Petersberg, Rasdorf und Schlüchtern vor allem in ihren Krypten eindrucksvolle Bestandteile karolingischer Baukunst.

Diese zehn in sichtbaren, wesentlichen Teilen erhaltenen karolingischen Bauten sind sehr verschieden. Im Frühstil der romanischen Kunst steckt noch das Suchen und Tasten nach der neuen Steinbaukunst, die man im heidnischen germanischen Holzbau noch nicht kannte. So suchte man sich Vorbilder aus der ganzen Palette römisch-antiker und frühchristlicher Bauten. Das führte zu einer Vielfalt architektonischer Schöpfungen, die ursprünglich größer war, denn neben den zehn bis heute erhaltenen Bauten gab es zahlreiche weitere, z. B. die großen karolingischen Klosterkirchen in Fritzlar, Fulda, Hersfeld und Lorsch sowie die Salvator-Kirche in Frankfurt. Im Vergleich zur Vielzahl und Originalität karolingischer Kirchenbauten ist die ottonische Baukunst in Hessen heute nur noch spärlich vertreten. Zwei Gründe sind dafür wohl maßgebend: Einerseits war durch die intensive karolingische Baukunst der Bedarf an sakralen und profanen Bauten weitgehend gedeckt. Andererseits verlagerte sich die Reichsgewalt nach Norden in den Harzraum, nachdem der erste deutsche König Konrad I. (911–19) die Wahl des Sachsenherzogs Heinrich (919–36) initiiert hatte.

Im heutigen Gebiet Hessen sind nur sichtbare Reste dreier ottonischer Bauten erhalten: ein Klausurbau und die südliche Querschiffwand der Propsteikirche St. Johannes auf dem gleichnamigen Berg bei Bad Hersfeld aus der Zeit um 1010 sowie Krypta, Apsis und Teile des Querschiffs der um 1020–30 erbauten Klosterkirche St. Andreas in Fulda-Neuenberg und die 1017–25 entstandene Stiftskirche in Oberkaufungen, die noch die meisten ottonischen Bauteile aufweist. Während die Propsteikiche auf dem Johannesberg bei Bad Hersfeld als einschiffiger kreuzförmiger Bau höchstens wegen des runden Westturms bemerkenswert ist, verdient die Krypta in Fulda-Neuenberg große Beachtung wegen ihrer frühen Hallenform und vor allem wegen der vorzüglich erhaltenen, jüngst restaurierten figürlichen Ausmalung.

Das trifft auch für die ehemalige Stiftskirche in Oberkaufungen zu, in deren Westturm ein ottonisches Westwerk enthalten ist, das dem Stifter Kaiser Heinrich II. als Empore diente. Die dreischiffige ottonische Basilika wurde später zu einer gotischen Hallenkirche umgebaut, dagegen hat das Querschiff mit seinen beiden Seitenapsiden noch seine ursprüngliche Form bewahrt.

Von einem vierten ottonischen Kirchenbau kann man sich nach den Ausgrabungen 1964 bis 1968 ein anschauliches Bild machen: von der Kirche des Benediktinerklosters Helmarshausen bei Bad Karlshafen. Das Kloster ist vor allem durch seine Buchmaler- und Goldschmiedeschule berühmt geworden. Die nach der Gründung 997 begonnene und 1011 geweihte Klosterkirche war eine dreischiffige Basilika mit je einer direkt an das Mittelschiff anschließenden Apsis im Osten und Westen. Sichtbar ist davon inzwischen nichts mehr.

Diese vier noch fassbaren ottonischen Bauten in Hessen sind vor allem regional interessant, lediglich die Stiftskirche in Oberkaufungen ragt heraus.

Die salische Baukunst leitet ihren Namen vom Königsgeschlecht der Salier ab, deren Regierung 1024 mit Konrad II. begann und 1125 mit dem Tod Heinrichs V. endete. Mit ihnen verlagerte sich der Schwerpunkt der Reichspolitik wieder in den Süden an den Oberrhein. Der Dom zu Speyer wurde zu ihrer Grablege. Nach der Anzahl erhaltener Kirchen ist die salische Baukunst in Hessen ähnlich schwach vertreten wie die ottonische. Doch besitzt Hessen mit der Ruine der Stiftskirche in Bad Hersfeld den größten und bedeutendsten salischen Sakralbau nach dem Dom in Speyer. Die Stiftskirche wird nach einem Brand 1037 oder 1038 bis zur Schlussweihe 1140 als große, monumentale Basilika neu ausgeführt. Die fünf weiteren mittelgroßen Bauten sind die Remigiuskirche in Büdingen (um 1047), der dritte Bau von St. Lubentius in Dietkirchen an der Lahn (um 1080–1100), die Pfarrkirche St. Nikolaus in Wiesbaden-Bierstadt (um 1080 bis 1100), die Pfarrkirche St. Martin in Edertal-Bergheim (zweite Hälfte des 11. Jahrhunderts) und die Johanneskapelle auf der Krukenburg in Helmarshausen (um 1100–26). Die Bauten sind grundverschieden, was auch mit ihrer unterschiedlichen Funktion zusammenhängt. Am stärksten fällt die Johanneskapelle in Helmarshausen aus dem üblichen Schema einer salischen Kirche, die man sich im Allgemeinen als dreischiffige Basilika mit Säulen oder Pfeilern in strengen, weitgehend schmucklosen Formen vorstellt. Bei der Johanneskapelle handelt sich um einen hohen, runden Zentralbau mit vier niedrigen Kreuzarmen. Der Bau stand einst frei auf dem Berg oberhalb des berühmten Klosters. Er diente wahrscheinlich zu Prozessionen, denn es handelt sich wie bei der Michaelskirche in Fulda um eine Nachbildung der Grabeskirche in Jerusalem, wie uns sogar schriftlich überliefert worden ist: Bischof Meinwerk von Paderborn sandte 1033 Abt Wino von Helmarshausen nach Jerusalem zum Studium der Grabeskirche Christi. Nach den Plänen des Abtes entstanden sowohl die Busdorfkirche in Paderborn (1036 begonnen) als auch die Johanneskapelle in Helmarshausen.

Die Remigiuskirche in Büdingen ist ein einschiffiger Saalraum, einst mit einer halbrunden Apsis im Osten und mit einem breiten Querriegel im Westen. Dieser Grundriss gleicht dem von St. Severin in Passau, einem Bau des 8. oder 9. Jahrhunderts. Früher datierte man deshalb die Remigiuskirche in diese frühe Zeit, zumal sie auch durch ihre kleinen Fenster einen altertümlichen Eindruck macht. Dendrochronologische Untersuchungen der fest im Mauerwerk verbauten Hölzer ergaben jedoch das Entstehungsjahr 1047.

Eine gewisse Altertümlichkeit der Bauformen scheint für die salische Baukunst in Hessen charakteristisch zu sein, auch die Stiftskirche in Bad Hersfeld wurde bereits als karolingisch angesehen.

Ein origineller Bau ist auch die Martinskirche in Edertal-Bergheim aus der zweiten Hälfte des 11. Jahrhunderts, und zwar auf Grund ihrer zwei Schiffe und ihres gurtlosen Kreuzgratgewölbes. Die Wölbung eines ganzen, wenn auch nicht sehr großen Kirchenraumes ist für diese Zeit sehr ungewöhnlich, dazu die Mittelstellung der Säulenreihe, die sich zwangsläufig aus der Wahl von zwei Schiffen anstelle der sonst üblichen drei ergibt.

Im Odenwald ist in Breuberg-Rai-Breitenbach, Lützelbach-Rimhorn und Otzberg-Oberklingen eine Gruppe von Dorfkirchen des 11. Jahrhunderts zu finden, die als rechteckige Saalbauten mit eingezogenem Rechteckchor und altertümlichen Sturzportalen die Tradition der Alten Dorfkirche von Bad König aus dem 9. Jahrhundert fortsetzen. Wie sehr die salische Baukunst mit den karolingischen und ottonischen Baugewohnheiten verbunden ist, erkennt man auch am kleinteiligen, lagerhaften Bruchsteinmauerwerk, gelegentlich durchsetzt mit Fischgrätenmauerwerk, wie jüngst in der Burg Craß in Eltville entdeckt. Man hielt dieses profane Bauwerk bis zu neuesten Forschungen für eine gotische Schöpfung. Jetzt ordnet man den westlichen, niedrigeren Teil der Burg zeitlich in der Nähe des Grauen Hauses in Winkel ein, das durch die Dendrochronologie auf 1075/78 datiert wird. Zusammen mit dem Haus Bierstraße 1 in Geisenheim haben wir es hier mit einer Baugruppe zu tun, deren freistehende, unbefestigte Herrensitze von Weingütern wahrscheinlich bis auf die Landgüter römischer Legionsoffiziere (villa rustica) zurückreichen. Das Gebiet am Mittelrhein war von den Römern besonders dicht besiedelt. Sichtbare Reste der Bauten standen bestimmt bis in das 11. Jahrhundert, so auch die Burgus, die Wachtürme, die zum Vorbild für die ungewöhnlich vielen Turmburgen des 11. Jahrhunderts wurden – wie in der Ober- und der Vorderburg von Rüdesheim erhalten, in Wiesbaden ergraben und in Niederwalluf als Sockelmauerwerk noch zu sehen.

Die staufische Kunst hat im heutigen Hessen eine Vielzahl von sakralen und profanen Bauten hinterlassen. Von den rund 100 in wesentlichen Teilen überkommenen romanischen Bauten stammen zwei Drittel aus der Epoche der Staufer. Nach dem „Zwischenspiel" des Kaisers Lothar von Supplinburg (1125 bis 37) kam 1138 Konrad III. aus dem schwäbischen Grafengeschlecht der Staufer an die Macht. Die Staufer regierten bis zum Tod Konrad IV. 1254, ihre bedeutendsten Kaiser waren Friedrich I. Barbarossa (1152–90) und Friedrich II. (1212–50).

War die salische Baukunst der klassische Höhepunkt der Romanik, so kann man die staufische Baukunst wegen ihres Formenreichtums als übersteigerten Spätstil bezeichnen, bei dem sich am Anfang des 13. Jahrhunderts bereits frühgotische Formen aus Frankreich mit spätromanischen mischten. Man spricht deshalb auch vom Übergangsstil, der wie auch andere zwischen zwei Kunstepochen gelegentlich zu höchst unakademischen Lösungen führte. So waren bei der Westapsis des Wormser Domes bis zum Abbau und anschließenden Wiederaufbau im Inneren die Gewölbedienste rechtwinklig um das Rosenfenster verkröpft wie die Fallrohre von Dachrinnen. Der Baumeister griff zu dieser Notlösung, weil bei einem Polygon außen die Wandfläche zwangsläufig breiter ist als innen, die Rose außen jedoch das Feld ganz füllen sollte. In dieser Zeit war die Frühgotik in Frankreich in den Kathedralen von Noyon, Soissons, Laon und Chartres bereits voll ausgebildet. Der Abschied von der romanischen Baukunst fiel den Deutschen schwerer als den Franzosen und Engländern. Sie hielten länger am Denken in kubischen Baumassen fest und öffneten sich nur zögernd dem in der Normandie entwickelten Gliederungssystem der Gotik. So entstand in Kloster Eberbach 1135 zwar eine der sehr frühen Zisterzienserabteien, die noch zu Lebzeiten von Bernhard von Clairvaux (†1153) gegründet worden war. Im ersten Bauabschnitt der Kirche bis zur Unterbrechung kurz nach 1160 klingen jedoch auch Einflüsse der burgundischen Frühgotik an. Nach der Wiederaufnahme der Bautätigkeit ab etwa 1170 kehrte man wieder zu den Formen der rheinischen Romanik zurück. Erst nach 1200 wurden die Elemente der französischen Frühgotik im Limburger Dom und in den Ostteilen der Marienkirche von Gelnhausen deutlicher verarbeitet. Sie waren jedoch noch immer gepaart mit romanischen Details – während gleichzeitig in Reims die Gotik bereits ihre klassische Ausprägung erfahren hatte.

Neben den großen Stiftskirchen brachte die staufische Epoche auch eine Fülle mittlerer und kleinerer Stadt- und Dorfkirchen hervor. In einer erstaunlichen Vielzahl und Größe und bis zur kleinsten in der anspruchsvollen Raumform der Gewölbebasilika ausgebildet findet man sie im Gebiet der ehemaligen Grafschaft Waldeck.

Neue Bauaufgaben entstanden im Zeitalter der Staufer durch die Gründung der Reform-Orden, zu denen neben den Zisterziensern die Prämonstratenser und die Augustiner gehören. Ferner ist uns aus dieser Zeit eine größere Anzahl von Profanbauten erhalten geblieben: außer den stattlichen Burgen und Pfalzen in Münzenberg, Büdingen, Gelnhausen, Babenhausen, Seligenstadt und dem Salhof in Frankfurt auch die romanischen Häuser in Gelnhausen und Seligenstadt, die als Sitz des jeweiligen Vogtes die Vorläufer der späteren Rathäuser waren.

Limburg an der Lahn, Dom St. Georg und Nikolaus

Allein schon durch seine Lage auf einem nach Osten und Norden steil abfallenden Felsplateau gehört der Dom in Limburg zu den herausragendsten Kirchenbauten der spätstaufischen Baukunst in Deutschland. Die Verbindung einer Burg mit einem Kirchenbau auf einem Berggipfel kommt seltener im Westen und eher im Osten vor: in Meißen, in Görlitz, auf dem Hradschin in Prag und auf dem Wavel in Krakau. Meist war die Burg zuerst da, denn man nutzte derart exponierte topografische Lagen bereits in der Vor- und Frühgeschichte als Zufluchtstätte, die sich in kriegerischen Zeiten gut verteidigen ließ.

In Limburg entwickelte sich so die Burg der Konradiner, eines an der unteren Lahn ansässigen Adelsgeschlechts, aus dem mit Konrad I. (911–19) der erste deutsche König stammte. Der Konradiner Graf Konrad Kurzbold gründete inmitten seines Burggeländes im Jahr 910 das Stift St. Georg, dessen erste Kirche bald danach errichtet wurde. In Fundamentresten entdeckte man bei Grabungen 1935–37 und 1975–77 zwei weitere Vorgängerbauten unter dem Fußboden der jetzigen Kirche. Der direkte Vorgänger hatte bereits etwa die Ausmaße des heutigen Bauwerkes, und einige Unregelmäßigkeiten im Mauerwerk der Türme und des südlichen Querschiffarmes weisen darauf hin, dass hier auch wesentliche Teile des Vorgängerbaues verarbeitet wurden. Nach jüngerer Forschung begann man mit dem Bau der jetzigen Kirche vor dem Ende des 12. Jahrhunderts. Zur überlieferten Weihe 1235 waren die Türme wohl noch nicht vollendet, die beiden südlichen Flankentürme des Querschiffs entstanden sogar erst 1863–65.

Vom Baumassengefühl her wirken im Außenbau noch romanische Stiltendenzen nach, in den Einzelformen mischen sich Baugewohnheiten der rheinischen Romanik mit solchen der französischen Frühgotik. Zu letzteren zählen vor allem die vielen Türme, die auf Vorbilder wie die Kathedrale von Tournai oder die Klosterkirche St. Etienne in Caen zurückgehen. Bei einer geringen Länge wirkt der Bau mit seinem weit ausladenden Querschiff gedrungen und wuchtig, und er weist auch deutlich in die Höhe. Von Anfang an waren die aus zahlreichen Gesteinsarten unregelmäßig gemauerten Bauteile verputzt und ähnlich wie heute farbig gefasst. Der Baumeister Hubert Stier hatte 1872–77 ganz in der Art der Materialromantik den Putz abschlagen lassen. Dadurch wurde der Zerfall des Natursteins so stark beschleunigt, dass man sich ab 1969 zu einem Neuverputz entschließen musste. Nachdem man vom Gerüst aus unzählige kleine Farbspuren und unter dem Dach des Vierungsturms größere Reste der originalen Farbfassung des 13. Jahrhunderts entdeckt hatte, wurde diese rekonstruiert. Mit

Inneres des Domes

der vorherrschend roten Gliederung ist aber nicht die Imitation von Sandstein gemeint. Vielmehr symbolisiert sie das Purpurrot des Himmelskönigs, denn die Stiftskirche sollte nicht die Fortsetzung des Lahnfelsens sein, sondern ein Abbild des Himmlischen Jerusalem. Die gläubigen Menschen des Mittelalters stellten sich das Jenseits als turmreiche Stadt vor. Der Innenraum des Domes trägt den Charakter eines Zentralraums, denn es gibt ein Querschiff, das Langhaus umfasst nur zwei Joche, und der Vierungsturm steigert noch die Steilheit. Die Emporen entsprechen einer schon älteren Bautradition der rheinischen Romanik, wie sie bereits im benachbarten Dietkirchen vorhanden ist. Auf die französische Frühgotik der Kathedralen von Noyon und Soissons weist das Triforium hin. Aus den Arkaden, den Emporen, dem Triforium und dem Obergaden ergibt sich der für französische Kathedralen des 12. Jahrhunderts klassische viergeschossige Wandaufbau. Vom Grundriss her handelt es sich um ein so genanntes Gebundenes System, das heißt auf ein großes quadratisches Joch des Mittelschiffes kommen je zwei kleine quadratische in den halb so breiten Seitenschiffen. Dadurch wechseln sich schmalere Zwischenpfeiler mit dem kräftigen Hauptpfeiler ab. Die aufgelegten und in die Ecken der Kreuzpfeiler eingestellten Runddienste lassen bereits die Vertikaltendenz der Frühgotik anklingen. Die mit den Gesimsprofilen verkröpften Dienste der Zwischenpfeiler betonen noch die Horizontale, ganz im Stil der spätstaufischen Baukunst am Übergang von der Romanik zur Gotik. Die Stiftskirche gehört zu den Hauptwerken spätstaufischer Baukunst in Deutschland. Den Titel eines Domes erhielt sie erst 1823, nachdem das geistliche Kurfürstentum Trier durch die Säkularisierung 1803 aufgelöst worden war. Das Gebiet an der unteren Lahn wurde dem Herzogtum Nassau zugeschlagen, das als bis dahin rein protestantisches Land zur kirchlichen Versorgung der Katholiken ein neues Bistum einrichten musste.

Die jüngste Restaurierung des Doms St. Georg und Nikolaus konnte mit der Weihe 1985 im Wesentlichen abgeschlossen werden. Dabei hat auch der Innenraum seine ursprüngliche Farbigkeit zurückgewonnen, jedoch nicht als Rekonstruktion mit neuem Farbmaterial, sondern durch das Freilegen der originalen Ausmalung und die vorsichtigen Retuschen in den Fehlstellen. Die figürlichen, ornamentalen und gliedernden Teile waren im Original alle in echter Freskotechnik auf den nassen Putz aufgetragen worden und hatten deshalb die seit 1749 in immer dichterer Folge vorgenommenen Übermalungen recht gut überstanden. Dennoch ist die ursprüngliche Leuchtkraft der Farben gemildert – sie entsprechen jedoch eher unserem heutigen Farbempfinden als die kräftigen Töne am Außenbau.

Limburg an der Lahn, Dom St. Georg und Nikolaus von Nordwesten

Eberbach im Rheingau, Kirche des ehemaligen Zisterzienserklosters

Schon die einsame Lage in einem zur Rheinebene geöffneten Tal an einem Bachlauf ist für eine Zisterziensergründung charakteristisch. Die mächtige, turmlose Basilika lässt die strenge Schlichtheit der Ordensarchitektur erkennen, obwohl die Kapellenreihen in der Gotik und die Dächer im Barock verändert wurden. Eberbach war bereits 1136 durch die Entsendung von zwölf Mönchen und einem Abt direkt aus Clairvaux besiedelt, es gehört zu den ältesten Gründungen der Zisterzienser auf deutschem Boden. Dank zahlreicher Stiftungen kam es rasch zu Wohlstand und Einfluss. Mit dem Bau der rund 80 m langen romanischen Klosterkirche konnte bereits zehn Jahre nach der Gründung des Klosters begonnen werden, 1186 wurde sie geweiht. Durch zahlreiche Stiftungen erhielt das Kloster einen sehr großen Landbesitz in 20 Orten des Mittelrheingebietes. In seiner Blütezeit lebten zwischen 200 und 300 Mönche in Eberbach. Der Schwerpunkt lag beim Weinbau, für dessen Absatz das Kloster einen Hof in Köln und eigene Schiffe auf dem Rhein unterhielt. Im Bauernkrieg 1525 und im Dreißigjährigen Krieg hatte auch Eberbach unter Plünderungen und Verwüstungen zu leiden, es erholte sich jedoch wieder, wie die barocken Ergänzungsbauten zeigen.

Klosterkirche von Südosten

Nach der Auflösung des Zisterzienserordens 1803 wurden die Klausurbauten zunächst als „Landes-Irrenanstalt“, ab 1873 als Strafgefängnis genutzt. Vom Ende des Ersten Weltkriegs bis 1997 war das Kloster Sitz der Hessischen Staatsweingüter, heute wird es von einer Stiftung verwaltet und dient vornehmlich dem Fremdenverkehr, Konzerten und der Weinwerbung.

INNENRAUM DER KLOSTERKIRCHE

In der Architektur der Klosterkirche verbinden sich die Einflüsse der burgundischen Zisterzienser-Baukunst mit den traditionellen Formen der rheinischen Romanik. Am Wechsel der Formen an der Ostwand des Chores kann man die Bauunterbrechung in der Zeit unmittelbar nach 1160 ablesen, als der Abt in den Streit zwischen Kaiser Friedrich I. Barbarossa und Papst Alexander verstrickt wurde und 1166 nach Rom fliehen musste. Auch im Inneren spiegelt die Kirche die strenge, asketische Baukunst der Zisterzienser wieder. Es fehlen alle schmückenden Einzelformen wie Blattkapitelle, figürlich verzierte Konsolen oder Schluss-Steine, Wandmalereien oder farbige Glasfenster, denn Bernhard von Clairvaux hatte derartigen Schmuck als überflüssige Ablenkung vom Gebet verurteilt. So herrschen die monumentalen, von asketischer Strenge geprägten Architekturformen vor und betonen die klaren, harmonisch proportionierten Raumformen der dreischiffigen Basilika mit ihren Ostteilen aus Querschiff, Rechteckchor und Kapellen.
Typisch für die Ordensbaukunst der Zisterzienser ist das Abfangen der Gewölbedienste einige Meter oberhalb des Fußbodens, bei allen anderen romanischen Kirchen steigen sie in der Regel vom Boden auf. In den einfachen Rundbogenarkaden und beim oberen Raumabschluss durch schlichte Kreuzgratgewölbe wird der Einfluss der Rheinischen Romanik spürbar, während Zisterzienserkirchen in Burgund um diese Zeit bereits frühgotische Elemente aufweisen.

„OFFENES GRAB“ IM KREUZGANG

Unmittelbar neben der Tür vom Kreuzgang zur Kirche liegt in der westlichen Außenwand des nördlichen Querschiffarms eine tiefe, einst zum Kirchenraum geöffnete Bogennische, in die ein Steinsarg mit äußerer Bogengliederung eingefügt ist. Obwohl der Sarkophag einst mit einer Steinplatte verschlossen war, nennt man eine solche Anlage „Offenes Grab“; bei den Zisterziensern kam sie mehrfach vor. Der Sarkophag war innen in drei Gefache geteilt, in denen die Gebeine der drei ersten Äbte von Eberbach beigesetzt waren. Alle Mönche mussten täglich mehrfach beim Gang in die Kirche dieses „Offene Grab“ passieren und sollten dadurch sowohl an die Vergänglichkeit menschlichen Daseins als auch an das leuchtende Vorbild der drei ersten Äbte erinnert werden.
Das Kloster gehört zu den am besten erhaltenen des Zisterzienserordens in Deutschland. Die monumentale Kirche liegt im Süden und schränkt mit ihrem hohen Dach die Besonnung der nördlich anschließenden Klausur stark ein. Das Leben der Mönche wurde so in den ungeheizten Räumen noch unwirtlicher. Zu den Zielen des von Gebeten, Arbeit und Enthaltsamkeit geprägten Lebens gehörten das möglichst rasche Durchschreiten des „irdischen Jammertals“ und danach der Eingang in das „Himmlische Jerusalem“; das Durchschnittsalter der Mönche war gering. Die Laienbrüder lebten getrennt im so genannten Konversenbau jenseits der Klostergasse und hatten dort ihr eigenes Refektorium und Dormitorium – mit 83 m Länge der größte nichtsakrale Innenraum des Mittelalters in Deutschland, angelegt in der dafür typischen Zweischiffigkeit. Abgesehen von zwei Flügeln des Kreuzgangs, der Brunnenkapelle und dem im Barock erneuerten Refektorium der Mönche sind alle mittelalterlichen Teile der Klosterbauten erhalten, sogar das Hospital. Das ist in ganz Europa eine Seltenheit, denn wegen seiner abseitigen Lage als Schutz vor der Ausbreitung von Infektionen war es besonders den Verwüstungen in Kriegszeiten ausgesetzt.

Eberbach im Rheingau, Inneres der ehemaligen Klosterkirche nach Osten

Kaiserpfalz Gelnhausen, Palas und Toranlage

Zur Sicherung des für ihn wichtigen Reichsgebietes und zur Sicherung des Reichsfriedens im Gebiet um die damals schon wichtige Handelsstadt Frankfurt ließ Kaiser Friedrich Barbarossa rings um die Wetterau bis an den Main eine ganze Kette von Burgen errichten und Reichsstädte gründen. Die stattlichste Anlage entstand auf einer Insel inmitten von zwei Armen der Kinzig, unweit der 1170 angelegten Reichsstadt Gelnhausen. Strittig ist, ob die Kaiserpfalz bereits zur Zeit des berühmten Reichstages von Gelnhausen 1180 bestand oder erst danach mit dem Bau begonnen wurde. Da jedoch auf der Burg Münzenberg bereits 1174 die Urkunde zur Gründung des Zisterzienserklosters Arnsburg ausgestellt worden ist – die Burg also schon fertig war –, spricht vieles dafür, dass um 1180 auch die Kaiserpfalz Gelnhausen vor der Vollendung stand, denn die Bauformen sind sehr verwandt.

Wie Münzenberg war Büdingen Sitz eines Ministerialen, eines kaiserlichen Beamten. Der 1173 als Reichsverwalter eingesetzte Hartmann von Büdingen hat wahrscheinlich im Auftrag des Kaisers die Pfalz in Gelnhausen errichtet.

Die Burgen Münzenberg und Gelnhausen gleichen sich in ihrer Gesamtform aus hoher Ringmauer, Tor mit darüber liegender Burgkapelle, Palas und rundem Bergfried. In Gelnhausen sind vom Bergfried allerdings nur die Fundamente zu sehen, und es ist nicht bewiesen, ob er je ausgeführt war. Im inneren, von der hohen Ringmauer umschlossenen Burghof gab es nur einen Eingang von Westen her, wo man über eine hölzerne Zugbrücke den Wassergraben überqueren musste, um an den von einem Torturm gesicherten Eingang zu gelangen. Die Außenmauern bestanden zum Teil aus Buckelquadern, das sind grob zugeschlagene Sandsteine, die dadurch ein sowohl wehrhaftes wie dekoratives Aussehen erhielten. Sie waren zu den Regierungszeiten der Staufer besonders verbreitet und werden auch nach diesen bezeichnet.

Hinter dem großen Tor liegt die zweischiffige, gewölbte Erdgeschosshalle und darüber die einst ebenfalls zweischiffige Burgkapelle – heute eine Ruine. Tritt man aus der Eingangshalle heraus, fällt der Blick sofort auf das wichtigste Bauwerk, den Palas, der trotz aller Plünderungen im Laufe der Jahrhunderte noch immer eine stattliche Ruine ist. Das war sie schon am Ende des Mittelalters, denn als Kaiser Maximilian I. Gelnhausen 1506 besuchte, konnte er schon nicht mehr in der Kaiserpfalz wohnen. Der Palas enthielt im niedrigen, heute teilweise verschütteten Erdgeschoss die Räume für das Gefolge, im erhaltenen ersten Obergeschoss die Wohnräume

Arkaden des Palas

des kaiserlichen Paares und im verschwundenen zweiten Obergeschoss den Audienzsaal. Wie kein anderes weltliches Bauwerk ist der Palas der Kaiserpfalz von Gelnhausen überreich mit Bauplastik ausgestattet, wie sie in dieser Üppigkeit und Qualität sonst nur an Kirchenbauten der Romanik zu finden ist. Die Kapitelle der paarig stehenden Säulen sind von höchster Feinheit in der Gestaltung des Laubwerks und haben auch alle Witterungseinflüsse erstaunlich gut überstanden. Der Reichtum des architektonischen Schmucks zeugt vom imperialen Anspruch des kaiserlichen Bauherren.

In die Obergeschosse gelangte man über hölzerne Treppen, die man beim Versuch einer Erstürmung einfach abwerfen konnte. Vor den Wohnräumen des kaiserlichen Paares lag ein schmaler Wandelgang, der sich in den heute noch erhaltenen Arkaden über den erwähnten Doppelsäulen nach Süden in den Burghof öffnete.

Vom Kamin der Wohnräume sind noch die Auflager des Rauchfangs erhalten, sie ruhen auf Säulen, sind weit auskragend und flankiert von quadratischen Zierplatten mit geometrischen Ornamenten.

Durch das erhaltene Portal im ersten Stock-

Blick auf Torbauten und Palas

werk fällt der Blick auf die Marienkirche, deren malerische Baugruppe vom Aufstieg der zuvor unbedeutenden Siedlung zur freien Reichsstadt zeugt. Der gedrungene romanische Westturm und das niedrige Langhaus gehören zu dem älteren, bald nach 1170 begonnenen Kirchenbau, während an den frühgotischen, von drei hohen Türmen bekrönten Ostteilen ein neues Selbstbewusstsein der Stadt abzulesen ist, deren Einfluss und Wohlstand wuchsen.

Mit ihren vier Türmen – vor allem den steilen gotischen Helmen der Ostgruppe – beherrscht die Marienkirche das Stadt- und Landschaftsbild in ähnlicher Weise wie der Dom in Limburg.

Kaiserpfalz Gelnhausen, Kapitell an der Innenseite des Torbaus

Michelstadt-Steinbach, Einhardsbasilika

Die Einhardsbasilika ist die älteste der erhaltenen Kirchen in Hessen. Trotz des Verlustes einiger Bauteile ist sie neben der Pfalzkapelle in Aachen der am besten erhaltene karolingische Sakralbau in Deutschland. Benannt wurde sie nach ihrem Bauherrn Einhard, dem Berater und Biograf Karls des Großen. Dessen Sohn Ludwig der Fromme schenkte Einhard zum Dank für seine treuen Dienste im Jahre 815 die Mark Michelstadt. Von 821 bis 828 errichtete Einhard die Klosterkirche – wahrscheinlich unter persönlicher Beteiligung in der Funktion des Architekten.

Das Mittelschiff, den Hauptchor und den nördlichen Nebenchor sowie die Stollenkrypta findet man noch im weitgehend unveränderten Zustand des originalen Mauerwerks. Gemäß der Tradition römischer Baukunst, wie sie in den Büchern des Architekten Vitruv überliefert wurde, besteht das Mauerwerk der verschiedenen Bauteile aus unterschiedlichem Material. Für die Apsiden, die Nebenchöre und bis zu ihrem Abbruch im 14. Jahrhundert auch die Seitenschiffe wurde eine Außenschale aus hammergerecht zugeschlagenen, roten Sandstein-Kleinquadern verwandt. Der Ostgiebel und die beiden Obergadenwände des Mittelschiffs erhielten ein Bruchsteinmauerwerk, dessen Verputz noch in größeren Partien vorhanden ist. Man erkennt ihn vor allem um die Fenster herum, deren Anschlag – wahrscheinlich für hölzerne Rahmen mit Alabasterscheiben oder Pergamentbespannung – ganz außen liegt. So weitet sich die trichterförmige Laibung nur nach innen. Die Pfeiler des Langhauses wurden aus flachen Ziegeln gemauert. Dieses Material hatte man wahrscheinlich aus römischen Ruinen gewonnen, deren Mauern damals noch aufrecht standen und solange als Steinbruch genutzt wurden, bis sie ganz verschwanden. Die Bögen der Arkaden und Fenster sind aus keilförmig zugesägtem Kalktuff gefügt. Unbekannt ist die Form des westlichen Abschlusses, wahrscheinlich bestand er aus einem vorgezogenen Eingangsraum, über dem eine Empore für den Stifter Einhard lag. Im 12. Jahrhundert entstand hier eine Doppelturmfront, die jedoch bis auf wenige Spuren nicht erhalten geblieben ist.

INNERES DER EINHARDSBASILIKA

Mit den Reliquien der heiligen Marcellinus und Petrus übertrug Einhard aus Rom auch die Bauformen der frühchristlichen Basilika in den Odenwald. Zwei relativ schmale Seitenschiffe flankierten bis zu ihrem Abbruch im 14. Jahrhundert das in frühchristlicher Tradition breitgelagerte Mittelschiff. Die Raumteilung des Ostbaus war eine neuartige Lösung. Das Mittelschiff mündet in einer breiten Hauptapsis, seitlich schließen – in Bögen geöffnet – Kapellen mit je einer Seitenapsis an. Sie erinnern in ihrer Anordnung an die Pastophorien byzantinischer Kirchen. In der Tat hat sich Einhard wohl die Kirche Sta. Maria in Cosmedin in Rom zum Vorbild für seine Schöpfung genommen; zum ersten Mal in Rom gab es am Ende des 9. Jahrhunderts auch dort Seitenchöre mit Seitenapsiden. Man nennt diese Form ein dreizelliges Sanktuarium; sie kommt in der Nachfolge bei der Justinuskirche in Frankfurt-Höchst aus der Zeit um 850 vor und bei der karolingischen Stiftskirche von Herdecke (Westfalen).

In der Einhardsbasilika von Michelstadt-Steinbach erhält der Innenraum ein bewusst zu feierlicher Stimmung gestaltetes Licht: durch die unterschiedliche Neigung einerseits der Laibungsschrägen in den Rundbogenfenstern der Hochschiffwände und andererseits der Apsiden sowie durch die drei Rundfenster im Ostgiebel. Das Ganze war auch innen von einem Putz überzogen, der in größeren Partien noch vorhanden ist und Reste der einstigen Ausmalung erkennen lässt. Die heutige Balkendecke ersetzte um 1170 die etwas tiefer liegende ursprüngliche; das erkennt man an dem illusionistisch-perspektivisch gemalten Fries. An den Dübellöchern ist abzulesen, dass damals eine flache, wahrscheinlich ebenfalls bemalte Holzdecke den Raum nach oben abschloss. Unter dem Fußboden der Kirche erstreckt sich kreuzförmig die gangartig schmale, gewölbte Stollenkrypta. Einhard legte sie wahrscheinlich nach dem Vorbild der Katakomben in Rom an, denn aus diesen stammten die Reliquien der heiligen Märtyrer. Sie sollten hier zu Anbetung aufbewahrt werden, und ganz in ihrer Nähe in den Nischen wollte Einhard mit seiner Frau seine letzte Ruhestätte finden. Auf Grund mehrfacher Erscheinungen der Heiligen, die seinem Gefolge angeblich den Wegzug aus dem Odenwald nahelegten, übertrug Einhard jedoch 828 die Reliquien nach Seligenstadt, wo er eine weitere Basilika errichtete und diese zu seiner Grablege bestimmte.

Einhardsbasilika von Südosten

Michelstadt-Steinbach, Inneres der Einhardsbasilika nach Osten

Lich-Arnsburg, Ruine der Klosterkirche

Historisch war dieser heute einsam am Waldrand gelegene stille Ort schon früh von Bedeutung, denn bereits die Römer hatten in etwa 800 m Entfernung ein Kohortenkastell zum Schutz der Wetterau erbaut. Im frühen Mittelalter legten die Herren von Hagen-Arnsburg unweit davon eine vor kurzem ergrabene Burg an. Sie stifteten sie 1174 dem Zisterzienserorden zum Bau eines Klosters, nachdem sie ihren Sitz auf den besser zu verteidigenden Münzenberg verlegt hatten. Die ersten Mönche und ihr Abt Mengot kamen 1197 aus dem Kloster Eberbach und begannen sogleich mit dem Bau der Klosterkirche,

Detail von der Vierung der Kirchenruine

die jedoch erst 1246 geweiht werden konnte. Während der relativ langen Bauzeit trat der Wechsel von spätromanischen zu frühgotischen Formen ein; das kann man am Übergang von den halbrunden östlichen zu den spitzbogigen westlichen Arkaden des Langhauses erkennen.

Bald nach der Gründung wurde Arnsburg zum bedeutendsten Kloster in der Wetterau und besaß durch Schenkungen und Kauf Besitzungen in 270 Orten. Bis zu 100 Mönche und weitere 100 Laienbrüder lebten während der größten Blütezeit im Kloster. Von den Plünderungen schwedischer Truppen im Dreißigjährigen Krieg erholte es sich nur langsam. Im 18. Jahrhundert erlebte es jedoch noch einmal einen neuen Wohlstand, wie man an den barocken Neubauten ablesen kann. Dann kam mit der Säkularisation 1803 die Auflösung des Klosters, verbunden mit dem Abzug aller Mönche und mit dem Übergang in das Eigentum der Grafen von Solms-Laubach. Die Bauten nutzte man bis 1811 als Zucht- und Irrenhaus und später als Steinbruch; dadurch verschwanden die meisten teilweise oder ganz. Die Klosterkirche ist heute eine der schönsten Ruinen in Deutschland, gerade in der engen Verbindung zur Natur, die in der einsamen Waldlichtung über das Werk des Menschen zu triumphieren scheint.

Seitenschiff der Kirchenruine

Auf Wunsch des Freundeskreises Kloster Arnsburg, der die Anlage unterhält, hat die Denkmalpflege bewusst auf die völlige Beseitigung des Bewuchses verzichtet, um die Romantik der Ruine zu bewahren. Die Mauerkronen wurden nur wenig begradigt, auf ihnen ließ man sogar die Nadelbäume wachsen, sie schaden weit weniger als Laubbäume. Zwischen der Ruinenromantik und dem konservatorischen Anliegen der leichteren Baupflege wurde so ein vernünftiger Kompromiss gefunden. Im Unterschied zum Mutterkloster Eberbach liegt die Klosterkirche von Lich-Arnsburg nördlich der Klausur, in die somit Sonnenlicht fallen kann. Das ist ein Zeichen dafür, dass im 13. Jahrhundert die asketische Strenge des Zisterzienserordens nachzulassen begann. Im Westen der Kirche liegt das Paradies, heute evangelische Kirche der kleinen Gemeinde. Nur durch ein seitliches Portal konnten die Laienbrüder in das nördliche Seitenschiff der Basilika gelangen, vom Ostteil der Mönche waren sie durch eine Chorschranke getrennt. Ihr Speisesaal befand sich im Erdgeschoss des Flügels, der Bursenbau genannt wird. Dieser Flügel lag westlich der Klausur und war von dieser wie üblich durch die Klostergasse getrennt. Das Obergeschoss des Bursenbaues ist später in Einzelräume unterteilt worden und dient heute als Hotel. Durch den Torbogen gelangt man in den jetzt sehr weiten Innenhof, denn ab 1803 wurde der gesamte Kreuzgang mit der Brunnenkapelle abgebrochen. Man hat bei der sehr behutsamen Umgestaltung zur Gedenkstätte für die Opfer des Zweiten Weltkriegs die Mauern sichtbar gemacht, sodass die Anlage gut abzulesen ist. In voller Länge erhalten blieb der Ostflügel der Klausur mit dem Kapitelsaal, dessen neun Kreuzgratgewölbe auf vier frühgotischen Bündelpfeilern ruhen. Nach Süden schließt an den Kapitelsaal eine Treppe in das Dormitorium im Obergeschoss an, und danach das Parlatorium, das jetzt als Vortragssaal dient. Das gesamte Obergeschoss des Ostflügels wurde früher durch den Schlafsaal der Mönche eingenommen. Er ist über dem Parlatorium zweischiffig und über dem Kapitelsaal mit Rücksicht auf dessen Stützen dreischiffig. Von diesem Teil führt eine breite Treppe direkt in das südliche Querschiff der Kirche. Das entspricht ganz der Ordensregel und ermöglichte den Mönchen den direkten Weg vom Schlafsaal zu den nächtlichen Gebeten im Chor der Kirche. Der Chor bestand einst aus einem mittleren Quadrat, das von einem Umgang mit quadratischen Kapellen und einer Mittelapsis umgeben war. Dazu kommen zwei weitere Seitenapsiden direkt an den Querschiffarmen. Die vielen Kapellen sind typisch für Zisterzienserkirchen. Sie dienten der Aufstellung von Nebenaltären; hier hielten die Mönche Fürbittgebete für die Stifter, aus deren Einkünften der Wohlstand des Klosters zum Teil entsprang.

Lich-Arnsburg, ehemaliges Zisterzienserkloster, Inneres der Kirchenruine nach Nordosten

Oestrich-Winkel/Rheingau, Graues Haus

Lange Zeit hindurch war in der Kunstgeschichte die Entstehung des Grauen Hauses sehr umstritten, die Datierungen schwankten zwischen dem 8. und dem 12. Jahrhundert Inzwischen konnte die Bauzeit mit Hilfe der Dendrochronologie auf 1075–78 eingegrenzt werden. Auf Grund der exponierten Lage am Rheinufer und der anspruchsvollen Bauformen kommt als Bauherr nur eine einflussreiche Persönlichkeit in Frage, wahrscheinlich einer der Herren von Winkel – genannt von Greiffenclau –, die seit 1191 urkundlich nachzuweisen sind und deren Nachkommen bis vor einigen Jahren noch die rechtmäßigen Eigentümer waren.

Nachdem man im 14. Jahrhundert im nahe gelegenen Vollrads eine gut zu verteidigende Turmburg inmitten von Gräben erbaut hatte, wurde das Graue Haus Witwensitz und sank im 17. Jahrhundert zum Wohnhaus einer bäuerlichen Hofreite ab. Seine Bedeutung kam erst beim Wiederaufbau nach einem Brand 1964 zum Vorschein. Danach wurde es in den ursprünglichen Formen auf Grund der erhaltenen Spuren rekonstruiert, nur den steilen gotischen Schildgiebel beließ man.

Für den Bau des 11. Jahrhunderts muss man sich eher einen flacheren Giebel für eine Dachneigung von 45 Grad vorstellen, vielleicht als Stufengiebel. Das breite Rundbogenportal erschließt ein kellerartiges Erdgeschoss. Der eigentliche Wohnraum im Obergeschoss liegt hinter einem Vorraum, der nach Süden zum Rhein hin offen ist. Er öffnet sich in sechs Rundbogenarkaden, die jeweils mit dem originalen Kapitell entsprechend der einzig erhaltenen Arkade nachgebildet worden sind.

Auch der Wechsel von je einer Säule mit einem Pfeiler ist zuverlässig überliefert, desgleichen die wechselnden roten und grauen Keilsteine in den Bögen – ein Motiv, das bei salischen Bauwerken des 11. Jahrhunderts besonders verbreitet war.

Die früher vertretene Meinung, das Graue Haus sei bereits im 9. Jahrhundert entstanden, beruhte auf einigen altertümlichen Kapitellen im östlichen Giebel. Inzwischen vermutet man, dass sie aus der Kaiserpfalz in Ingelheim stammen und an dieser Stelle ein zweites Mal wieder eingesetzt worden sind. Die Kaiserpfalz war nach dem Untergang des karolingischen Reiches zum Steinbruch geworden.

An den Wohnraum im Obergeschoss schließt in einem rechteckigen Annex eine kleine Kapelle an. Der Typ eines unbefestigten, steinernen Herrensitzes inmitten der Weinberge scheint im Rheingau mehrfach vertreten gewesen zu sein. Das Haus Bierstraße 1 in Geisenheim lässt trotz seiner barocken Umgestaltung in der Giebelwand eine ähnlich kleinteilige und lagerhafte Mauerstruktur wie das Graue Haus in Winkel erkennen. In Fischgrätenform fand man verwandtes Mauerwerk im westlichen Teil der Burg Craß in Eltville, für die eine ähnliche Gestalt rekonstruiert wurde.

Der Wein aus dem Rheingau war wegen seiner Qualität schon im Mittelalter sehr begehrt. Deswegen bemühte sich der Adel, vor allem die Kurfürsten und Domherren von Mainz, dort Weingüter zu besitzen. Damit folgten sie einer Gewohnheit, die wahrscheinlich schon die Offiziere der römischen, in Mainz stationierten Legion hatten. Einige ihrer Landhäuser (villa rustica) konnten von den Archäologen in der Umgebung von Wiesbaden ausgegraben werden.

Graues Haus von Süden

Oestrich-Winkel/Rheingau, östliche Giebelseite des Grauen Hauses

Bad Hersfeld, Ruine der Stiftskirche

Ein erster Gründungsversuch von Sturmius für ein Benediktinerkloster scheiterte in der Zeit um 736–43 an den kriegerischen Sachsen. Erst dem Abt Lullus, später Erzbischof von Mainz als Nachfolger von Bonifatius, gelang um 769 die Einrichtung des Klosters, das Karl der Große 775 zur Reichsabtei erhob. Zahlreiche Schenkungen führten bereits im 9. Jahrhundert zu großer wirtschaftlicher und kultureller Blüte. Zwischen 831 und 850 entstand nach mehreren kleinen Vorgängerbauten ein monumentaler Kirchenbau, den eine Feuersbrunst in den Jahren 1037 oder 1038 vernichtete. Sogleich machte man sich an den Wiederaufbau, und bereits 1040 konnte man in Anwesenheit des Kaisers Heinrich III. die wiederhergestellten Ostteile weihen. Die Schlussweihe erfolgte erst 1114 in Anwesenheit Konrad III. Daraus kann man die große politische Bedeutung des Stifts erkennen. Durch Schenkungen war es zu einem so großen Landbesitz gekommen, dass es zu einem eigenen weltlichen Fürstentum wurde. Es bestand allerdings nicht so lange wie Fulda, sondern fiel endgültig 1648 an die Landgrafen von Hessen-Kassel.

Nachdem Luther schon 1521 auf der Reise zur Wartburg in der Klosterkirche gepredigt hatte, wurde Hersfeld evangelisch. Das bedeutete jedoch keinen so harten Einschnitt, denn bis 1606 gab es noch einen Abt; danach übernahm der älteste Sohn des Landgrafen Moritz die Leitung des evangelischen Stifts.

Der größte Einschnitt in der Geschichte des Stifts war der Siebenjährige Krieg: Französische Truppen steckten 1761 die Kirche in Brand. Übrig blieb eine Ruine, die allerdings noch immer eindrucksvoll die Monumentalität des salischen Bauwerks wiedergibt. Mit einer Gesamtlänge von 102,80 m ist es der größte zum Teil erhaltene Sakralbau des frühen Mittelalters in Hessen, und nach dem Dom in Speyer zugleich das bedeutendste Zeugnis der salischen Baukunst in Deutschland.

Auffallend ist das weit ausladende Querschiff mit zwei Seitenapsiden im Osten, an das ein lang gestreckter Rechteckchor mit einer Hauptapsis anschließt. Hier wurden halbrund in das Mauerwerk Wandnischen eingetieft, sie gelten als Vorform für die später in der Romanik äußerst beliebten Zwerggalerien. Sehr ähnlich kommen sie an oberitalienischen Kirchen vor, z. B. an der Ostapsis der Basilika in Lomello. Bemerkenswert sind auch die Vierpassformen in den Rundfenstern der Querschiffarme, die man eigentlich erst von gotischen Maßwerkformen kennt. Vor der Doppelturmfront im Westen liegt eine weitere Apsis, einst wohl eine Empore über einem rechteckigen Unterbau, in den das Hauptportal führt. Sein großer Überfangbogen zeigt jenen Wechsel dunkler und heller Keilsteine, der oft bei salischen Bauten des 11. Jahrhunderts zu finden ist. Der nördliche Turm der Westfassade stürzte bereits während der Erbauung der Stiftskirche am Anfang des 12. Jahrhunderts ein. Als Ersatz errichtete man um 1120 nordöstlich der Hauptapsis den freistehenden Katharinenturm für das Geläut in der Art der italienischen Campanile.

Der Kirchenbau des 11. Jahrhunderts beeindruckt außen wie auch innen durch seine strengen und monumentalen Formen. Als Beispiel salischer Baukunst verkörpert er den klassischen Höhepunkt der romanischen Baukunst. Charakteristisch für diese Stilphase sind die steilen Proportionen des Raumes, die auch nach dem Verlust der Mittelschiffwände und der Decken noch in den Vierungsbögen nachzuempfinden sind. Unter dem Chor liegen die Reste der Krypta aus Säulen und Gewölbeteilen. Die Wandgliederungen aus flachen Blendbögen auf Pilastern sind kennzeichnend für die salische Baukunst. Die Mittelschiffwände des Langhauses waren einst in neun Rundbogenarkaden auf Säulen geöffnet, nur noch einige attische Basen zeugen davon. Plastischer Schmuck wurde an dieser Stelle noch sehr sparsam verwendet. Anders dagegen in der staufischen Stilphase, aus der die Vorhalle am Nordquerschiff stammt; sie wurde nachträglich am Ende des 12. Jahrhunderts angefügt. Hier findet man an den Kapitellen einen reichen bildhauerischen Zierrat mit tierischen und pflanzlichen Darstellungen.

Bad Hersfeld, Ruine der Stiftskirche von Osten

Fritzlar, Dom – ehemalige Stiftskirche St. Peter

Die erste Kirche an Stelle der heutigen Kirche errichtete Bonifatius 724 aus dem Holz der von ihm im nahen Geismar gefällten Donar-Eiche. Er ersetzte sie bereits 732 durch eine Steineiche, von der er weissagte, sie werde nie durch Feuer zerstört werden. Diese Kirche wurde nach 1079 durch einen größeren Nachfolgebau ersetzt, von dem im heutigen Dom noch Bauteile erhalten sind. Nachdem man 1171 den schlechten Bauzustand beklagte, baute man die Kirche erneut zu dem heutigen spätromanischen Gewölbebau um. Genaue Baunachrichten fehlen, doch konnte der Dachstuhl über dem Chor mit Hilfe der Dendrochronologie auf 1194 datiert werden. Das Paradies im Westen muss nach 1232 errichtet worden sein, da an ihm jene Brandspuren fehlen, die von der Brandschatzung durch Landgraf Konrad von Thüringen im Jahr 1232 stammen und die man an den Westtürmen findet. Vom hohen Mittelalter an war der Norden Hessens Schauplatz eines unerbittlichen Machtkampfes zwischen den Landgrafen von Thüringen bzw. Hessen und den Erzbischöfen von Mainz, deren stärkster Verteidigungsposten die Stadt Fritzlar war.

Beim Beginn des Umbaus der Kirche im Osten standen die Formen noch ganz unter dem Einfluss spätromanischer Vorbilder am Oberrhein. Zum ersten Mal in der hessischen Baukunst ist eine Apsis nicht halbrund, sondern polygonal als 5/10 Schluss ausgebildet. Vorbild dafür wie auch für die Details ist der Westchor des Domes in Worms; ihn datierte man früher in das beginnende 13. Jahrhundert, jetzt kann man ihn ebenfalls mit Hilfe des Dendrochronologie auf 1192 eingrenzen. An den aus Apsis und quadratischem Vorjoch bestehenden Chor schließt ein weit ausladendes Querschiff an, dann folgen das basilikale Langhaus und im Westen die monumentale Doppelturmfassade, die dank der Höhenlage der Stadt weit nach Süden in die Landschaft wirkt. An der Westvorhalle sind stärker frühgotische Einflüsse spürbar: einerseits in der Wölbung mit spitz zulaufenden Schildbögen, andererseits in den eleganten, aus einem quadratischen Kern und vier halbrunden Diensten zusammengesetzten Bündelpfeilern. Allerhand seltsames Getier tummelt sich an den Kapitellen der Westvorhalle. Es verkörpert das Böse, das nach den Vorstellungen des Mittelalters aus dem Westen kam. Aus dem Osten dagegen kam das Heil, weshalb auch der Zugang der Kirchen fast immer im Westen und der Altar mit den heiligen Reliquien im Osten lag. Die Form der dramatisch bewegten, nahezu vollplastischen Tierdarstellungen und des schon sehr naturalistischen Laubwerks deutet ebenso wie die gesamte Architektur der Westvorhalle auf die nahende Gotik. Den neuen Baustil spürt man stärker als im Äußeren beim Betreten des Innenraumes, vor allem auf Grund der spitzbogigen Gurte der hohen Gewölbe. Vom Vorgängerbau des 11. Jahrhunderts hatte man mit den Grundmauern auch das Gebundene System übernommen, bei dem auf jedes Joch des Mittelschiffs zwei in den schmaleren Seitenschiffen kommen. Doch nur das erste Joch von Osten ist quadratisch wie das Chorquadrat, die Vierung und die Kreuzarme. Das zweite und noch mehr das dritte Joch von Osten sind längs-rechteckig. Dadurch werden die rundbogigen Arkaden und ihre spitzbogigen Überfangbögen nach Westen hin immer breiter, und – was noch mehr auffällt – immer höher.

Für die unübersehbaren Unregelmäßigkeiten muss es eine Erklärung geben. Vielleicht plante man zu Beginn des Umbaus, der einem Neubau glich, das Schiff deutlich zu verlängern und wollte dafür die Doppelturmfront abbrechen. Dadurch wäre es möglich gewesen, außer dem einen quadratischen Joch im Osten drei weitere zu errichten. Als man sich dann aus Kostengründen dazu entschloss, den Westbau stehen zu lassen, musste man mit dem vorhandenen Raum auskommen. Der reichte für drei weitere Joche nicht und erzwang bei der Beschränkung auf zwei die Längsrechteckform. Nach dem Vorbild des Domes in Worms wurden in Fritzlar Domikalgewölbe verwendet, eine frühe Form, bei der man die Gewölbe ringförmig wie eine spitzbogig gestreckte Kuppel mauerte. Die ebenfalls für den frühen Gewölbebau typischen breiten Bandrippen sind nur unterlegt, sie schnüren die Kappen nicht ein. Ähnlich wie beim Dom in Limburg durchdringen sich auch hier frühgotische Formen aus Frankreich mit traditionellen Formen der Romanik, deren Monumentalität hier noch stärker als bei dem etwas jüngeren Dom in Limburg vorherrscht, was besonders beim Vergleich der beiden Westbauten deutlich wird.

Fritzlar, Dom – ehemalige Stiftskirche St. Peter von Westen

Lorsch, Königshalle und Restkirche des ehemaligen Klosters

Auf einer umspülten Insel im schmalen Flüsschen Weschnitz besaß Cancor, der Graf des Oberrheingaus, ein Landgut, das er um 760 für den Bau eines Benediktinerklosters stiftete. Die Grundmauern dieses ersten Klosters Altenmünster wurden auf dem Gelände freigelegt, das heute Kreuzwiese heißt. Die Anlage gleicht stark einem römischen-fränkischen Gutshof, der sich vielleicht teilweise erhalten hatte. Wegen häufiger Überschwemmungen verlegte man schon 767 das Kloster um 600 m nach Westen auf seinen jetzigen Standort, einen flachen, aber deutlich ablesbaren Sandhügel. Das Kloster blühte rasch auf, denn es erfreute sich der besonderen Gunst Karls des Großen, der es 769 von der Aufsicht der Mainzer Bischöfe befreite und 772 zum Reichskloster erhob. Das persönliche Interesse geht aus mehreren Besuchen des Kaisers hervor, so auch zur Weihe der Klosterkirche 774. Die Herrscher des frühen und hohen Mittelalters benutzten Reichsklöster gern zum Aufenthalt bei ihren Rundreisen durch das Reich, das sie mangels einer wirkungsvollen Verwaltungsstruktur nur im Umherreisen regieren konnten. Die Pfalzen allein reichten dafür nicht aus. So wurden auch in den Reichsklöstern Huldigungen entgegengenommen und Urkunden für erteilte Privilegien ausgestellt. Diesem Zweck mag auch die Königshalle gedient haben, denn es handelt sich bei dem in jeder Hinsicht einmaligen Bau nicht um eine Torhalle, wie die Bezeichnung bis in die jüngste Vergangenheit lautete. Der Bau war nicht als Zugang Teil der Klostermauer. Deren Toranlage lag weiter westlich, sie wurde in den Fundamentresten freigelegt und in der neu verlegten Pflasterung des Platzes kenntlich gemacht.

Heute ist man sich weitgehend einig, dass es sich um eine Königshalle handelt, die immer frei im vorderen, inzwischen verschwundenen Atrium der Klosterkirche stand. Wahrscheinlich wurde sie von Karl dem Großen am Ende des 8. Jahrhunderts schon im Hinblick auf seine Kaiserkrönung im Jahre 800 errichtet. Das Vorbild waren römische Triumphbögen, das zeigen die drei offenen Bögen des Erdgeschosses. Der Abt Richbold vom Kaiserhof in Aachen verwendete für den Kaiser den Titel „imperator et semper augustus“, wie ihn auch der römische Kaiser Konstantin trug. Dieser hatte im römischen Reich das Christentum legalisiert und war deshalb in besonderer Weise Vorbild für das Bestreben Karls des Großen, das römische Reich unter dem Zeichen des Christentums wieder erstehen zu lassen. So mag der Konstantinsbogen in Rom Vorbild für die Königshalle gewesen sein.

Ähnlich wie bei der Einhardsbasilika in Michelstadt-Steinbach sind auch bei diesem sehr kunstvollen Bauwerk römische Anregungen – vielleicht aus den Büchern des Vitruv – vorauszusetzen. Es könnte sogar sein, dass Einhard selbst hier ebenfalls die Rolle des Architekten übernommen hat. Dafür spricht einerseits, dass die Kämpfer der Arkaden wie bei

Detail von der Königshalle des ehemaligen Klosters

seiner Basilika in Steinbach an den Außenseiten keine Profile haben, eine Besonderheit, die sonst nicht auftritt. Andererseits war Einhard mit Lorsch besonders verbunden, denn er stiftete 819 einen Teil seiner Ländereien dem Kloster Lorsch, zu dem später Steinbach als Propstei gehörte.

Auf den ersten Blick gibt sich die Königshalle als ein Bauwerk von einmaliger Gestalt zu erkennen. Ihre im Kern aus Bruchstein bestehenden Außenmauern sind mit sorgfältig behauenen, wechselnd roten und weißen Sandsteinquadern verkleidet. Diese von den Römern als „opus retikulatum“ bezeichnete kunstvolle Mauertechnik hat alle zerstörerischen Kräfte der Jahrhunderte erstaunlich gut überstanden. Das liegt daran, dass es sich nicht um eine Inkrustierung handelt, eine nachträgliche Verblendung des Mauerwerks mit dünnen farbigen Steinplatten, wie sie heute als Verkleidung von Betonbauten üblich und wenig haltbar ist. Vielmehr wurden die quaderartig dicken Schmucksteine gleichzeitig mit dem Kernmauerwerk Schicht für Schicht hoch gemauert, so dass ein inniger, dauerhafter Verband entstand. Die Gliederung des Obergeschosses aus einem Fries von Dreiecken auf flachen, kannelierten Pilastern findet sich mehrfach auf römischen Sarkophagen wieder.

Vor dem karolingischen Reich gab es im Gebiet Deutschlands keine Tradition des Steinbaus; es können also an diesem ersten und dabei besonders qualitätvollen Mauerwerk nicht einheimische Kräfte gearbeitet haben. Vielmehr waren hier wohl Maurer und Steinmetze aus Italien tätig, die vielleicht auf einem Umweg über Aachen aus der Bauhütte für die Pfalz Karls des Großen kamen. Darauf deuten die hervorragenden Komposit-Kapitelle aus Kalkstein, die man für römische Spolien halten könnte, wären nicht die vier auf der Westseite und die vier etwas anderen auf der Ostseite untereinander gleich. Das weist darauf hin, dass sie für diesen Standort geschaffen wurden – allerdings nicht am Ort, weil sie nicht ganz genau passen, sondern vielleicht in Aachen nach den Angaben der Lorscher Bauhütte.

Über zwei Treppentürme an den Schmalseiten erreicht man das Obergeschoss der Königshalle. Es diente erst vom 14. Jahrhundert an als Kapelle, gotische Wandmalereien mit Engelschören zeugen noch davon. In der Schicht darunter konnte man die Originalausmalung der Zeit um 800 freilegen. Seit der Restaurierung 1934–35 weitgehend übermalt und ergänzt, gliedert sie den 9,74×6,16 m

Lorsch, ehemaliges Kloster, Königshalle von Nordwesten

großen Raum durch illusionistisch gemalte Pilaster und ein darauf liegendes Gebälk. Auch diese repräsentative profane Malerei spricht für die Funktion des Bauwerks als „aula regia“, als Königshalle.
Das Kloster hatte schon im 13. Jahrhundert seinen Niedergang erlebt. Es war an das Erzstift Mainz gelangt und diente bereits seit dem 18. Jahrhundert als Steinbruch. Im Jahr 1797 beschloss man sogar den Abbruch der Königshalle, doch zum Glück kam Lorsch 1803 bei der Säkularisierung des Kurfürstentums Mainz an Hessen-Darmstadt. Der Großherzog Ludwig I. rettete auf Betreiben seines Baumeisters Georg Moller den Bau vor der Vernichtung. Unlängst wurde Lorsch in die Liste des Weltkulturerbes der Unesco aufgenommen. Von der großen Klosterkirche steht nur noch ein Rest von drei Jochen einer westlichen Verlängerung aus der Zeit um 1141 bis 1148, gibt uns aber einen guten Eindruck von der einstigen Höhenentwicklung des Bauwerks. Der Hauptteil der dreischiffigen Basilika mit dem Rechteckchor und der dahinter gelegenen Gruftkapelle der deutschen Karolinger wurde bei Ausgrabungen erforscht, er ist jetzt mit Strauchwerk bewachsen. In der Restkirche zeugen Sarkophage und zahlreiche Fundstücke aus allen Stilphasen des Mittelalters vom einstigen Reichtum des Klosters.

Fulda, Michaelskirche

Die Michaelskirche wurde in den Jahren 820–22 als Friedhofskapelle der berühmten Benediktinerabtei erbaut. Das Kloster ist nach Fritzlar die zweite Gründung, die direkt auf Bonifatius zurückgeht. Bonifatius hatte sich die Missionierung der heidnischen Sachsen zur Aufgabe gestellt. Dafür erhielt er vom Frankenfürsten Karlmann die fränkische Curtis Eiloha im Tal der Fulda am Schnittpunkt bedeutender Handelsstraßen. Sie war im 6. Jahrhundert angelegt, jedoch zu Beginn des 8. Jahrhunderts von den kriegerischen Sachsen zerstört worden. Bonifatius sandte 832 seinen Schüler Sturmius aus, den Platz zu suchen, und gründete 744 dort ein Benediktinerkloster. Er erbat und erhielt von Papst Zacharias 751 die Exemption des Klosters, das dadurch nicht dem Bischof in Mainz, sondern direkt dem Heiligen Stuhl unterstand. Später verlieh Karl der Große dem Kloster weltliche Privilegien und die freie Abtwahl, das waren wichtige Grundlagen für die rasche Entwicklung zum geistigen Zentrum im frühen und hohen Mittelalter. Vor allem aber verdankt Fulda seinen Aufstieg Bonifatius' Entscheidung, die Klosterkirche zu seiner Grablege zu machen. Nachdem Bonifatius 754 von den Friesen beim Versuch, sie zu missionieren, erschlagen worden war und dadurch zum heiligen Märtyrer wurde, entwickelte sich Fulda zum Ziel eines immer größer werdenden Pilgerstroms. Durch Schenkungen reich geworden, erwarb es einen so großen Landbesitz, dass es zu einem eigenen Territorium mit einem Fürstabt – ab 1757 Fürstbischof – an der Spitze wurde.

Für die große Zahl der Mönche und Klosterschüler legte man außerhalb der Klausur auf einer nordöstlich gelegenen Anhöhe einen Friedhof an. Um dessen Charakter als heilige Stätte zu stärken, ließ Abt Eigil die Friedhofskirche als eine Nachbildung der so genannten Anastasis-Rotunde der Grabeskirche in Jerusalem gestalten, das war die erste derartige Nachbildung in Deutschland. Inmitten kreuzförmig zugefügter romanischer Erweiterungsbauten ist diese karolingische „ecclesia rotunda" noch vorhanden, allerdings hauptsächlich in der Krypta. Das Obergeschoss ist wahrscheinlich nach Zerstörungen im 10. Jahrhundert in der Zeit um 1000–30 unter Verwendung karolingischen Mauerwerks erneuert worden. Wir wissen aber aus den Beschreibungen des Mönches Candidus, der die Vita für den Abt Eigil verfasst hat, dass auch die karolingische Rotunde eine erhöhte Mitte mit Arkaden auf acht Säulen und einen niedrigeren Umgang hatte. Vier der heutigen acht Kapitelle sind karolingisch, man hat sie beim Wiederaufbau wieder verwendet, die anderen vier wurden dabei neu geschaffen. Unverändert karolingisch ist die Krypta, deren Gewölbe in der Mitte von einer einzigen Säule gestützt wird. Candidus vergleicht sie mit Christus, der auf seinen Schultern die Welt trägt.

Das Kapitell ist älter und stammt aus der ersten, von Sturmius ab 744 erbauten Klosterkirche, die vom Ende des 8. Jahrhunderts an bis 819 dem großen Neubau der so genannten Ratger-Basilika weichen musste. Die Wiederverwendung eines Kapitells in der Krypta der Michaelskirche erfolgte nicht aus ästhetischen, sondern aus religiösen Gründen in der Verehrung des heiligen Klostergründers Bonifatius. Die große Ratger-Basilika des Klosters war zu Beginn des 18. Jahrhunderts angeblich baufällig und musste einem prachtvollen barocken Neubau weichen, der aber noch wesentliche Mauerteile des karolingischen Vorgängers enthält.

Michaelskirche von Südosten

Fulda, Michaelskirche, Inneres der Rotunde

Gotik

Mit dem Bau der Elisabethkirche in Marburg ab 1235 begann die gotische Baukunst in Hessen, das war noch zur Regierungszeit des letzten staufischen Herrschers Kaiser Friedrich II. († 1250). Zum letzten Mal trat damit ein Kaiser als Stifter einer Kirche auf. Dann folgten die kaiserlose, die „schreckliche" Zeit und danach Könige aus verschiedenen, häufig wechselnden Herrscherhäusern, bis die Kaiserwürde zu den Habsburgern nach Wien gelangte und mehr als ferne Reichsidee als in der greifbaren Gestalt einer Reichsgewalt gegenwärtig war.

Bauherren für die Kirchen waren ab dieser Zeit überwiegend die städtischen Pfarrgemeinden und die neuen Orden, darunter als Erste die Franziskaner und Dominikaner, dann auch Karmeliter und Augustiner. Da Franz von Assisi als Ordensgründer nicht nur die für alle geltende Armut des einzelnen Mönches, sondern auch die der Klöster selbst forderte und die anderen Bettelorden ihm darin folgten, mussten die Brüder ihren Lebensunterhalt durch das Eintreiben von Kollekten bestreiten. Geld konnte man aber nur in den reichen Handelsstädten erbetteln, deshalb findet man die demnach als Bettelorden bezeichneten Franziskaner und Dominikaner nicht im ländlichen Raum mit seinen armen leibeigenen Bauern, sondern ausschließlich in den Städten. Man erkennt ihre Kirchen an den lang gestreckten Chorbauten und am Fehlen jeglicher Westtürme. Ähnlich wie schon zuvor die Zisterzienser bevorzugten auch die Bettelorden eine schlichte, von Askese geprägte Bauweise. Jedoch kann man die Kirchen der Bettelorden nicht mit denen der Zisterzienser verwechseln, denn letztere durften nie in Städten, sondern nach den Forderungen des heiligen Bernhard von Clairvaux nur in der Einsamkeit abgeschiedener Landstriche liegen.

Als große neue Bauaufgabe zahlreicher Stadtpfarrkirchen entstand im 13. Jahrhundert eine neue Raumform: die Hallenkirche. Überragte bei der bis dahin üblichen Basilika das doppelt breite Mittelschiff auch in der Höhe die schmalen Seitenschiffe, so sind bei der Hallenkirche alle drei Schiffe gleich hoch. Ihren Ursprung hat die Hallenkirche in Südfrankreich, speziell im Poitou. Dort entstanden schon im 12. Jahrhundert Hallenkirchen, die sich aus der Tradition der gewölbten Emporenkirchen entwickelten, wie bei der alten Kathedrale Notre-Dame-le-Grande in Poitiers. Aus dieser lokalen Baugewohnheit entstand ab 1166 mit der neuen Kathedrale St. Pierre in Poitiers die erste gotische Hallenkirche mit drei gleich hohen und gleich breiten Schiffen – ein monumentaler Raum von 27 m Gewölbehöhe und fast 100 m Länge.

Trotz dieser überzeugenden innovativen Schöpfung fand die Hallenkirche in Frankreich keine Nachfolge, dafür aber umso mehr in Deutschland, zunächst in Westfalen und etwas später in der hessischen Bauschule der Elisabethkirche von Marburg ab 1235. In Frankreich behielt man beim Bau der Kathedralen die Raumform der Basilika bei, weil sich mit ihr größere Gewölbehöhen als die 27 m von Poitiers erreichen ließen: in Reims 38 m, in Amiens 42 m und in Beauvais sogar 49 m. Auch waren in Frankreich Bischöfe die Bauherren. Sie genossen eine starke Unterstützung der Könige von Frankreich und bevorzugten die nach wie vor die repräsentative, hierarchisch gestufte Raumform der Basilika.

Die westfälischen Hallenkirchen der Stadtkirchen von Herford, Soest, Billerbeck und anderen folgten dem Vorbild von Poitiers auch mit der Übernahme der gleichen Breite von Mittelschiff und Seitenschiffen. So entstanden hier echte Hallenräume, die sich als bürgerliche Pfarrkirche besonders eigneten. Denn die hohen Außenwände der Seitenschiffe mit ihren großen Maßwerkfenstern erlaubten eine stärkere Beleuchtung des Innenraumes durch die hohen Arkaden zwischen den Schiffen bis in die Raummitte. Dagegen dringt bei einer Basilika aus den niedrigen Seitenschiffen und durch die niedrigen Arkaden von der Seite kaum Licht in das Mittelschiff, jedoch ein mystisch verklärtes schräg von oben. Nun gab es viele Seitenaltäre und Epitaphien als Stiftungen zur Fürbitte für verstorbene Angehörige der Patrizierfamilien und der Zünfte, und dafür eignete sich der gleichmäßig von Licht durchflutete Hallenraum sehr viel besser als das Halbdunkel der Basilika. Auch waren die Basiliken vorwiegend als Prozessionsräume konzipiert, die axial von Westen nach Osten durchschritten wurden – dem im 14. Jahrhundert zunehmenden Wortgottesdienst entsprachen die Hallenkirchen eher. Die steinerne Kanzel in der Kilianskirche von Korbach aus der Zeit des Langhauses ab 1388 beweist die wesentlich höhere Bedeutung die Predigt bereits in dieser Zeit.

Im Unterschied zur westfälischen Hallenkirche sind bei der Elisabethkirche in Marburg die Seitenschiffe halb so breit wie das Mittelschiff, die Joche auch nicht mehr quadratisch, sondern quer-rechteckig. Durch ihre geringere Tiefe stehen die Pfeiler enger und erlauben kaum Durchblicke. Je zwei Joche werden außen mit einem quer angeordneten Walmdach zusammengefasst. Die Elisabethkirche in Marburg begründete mit dieser Form einer hessischen Hallenkirche einen Bautyp, der in den meisten Städten des Landgrafentums bis in das späte 15. Jahrhundert hinein verbreitet war. Die querstehenden Walmdächer verschwanden mit der Spätgotik weitgehend und wurden durch jeweils ein sehr großes Dach über allen drei Schiffen ersetzt. Die Nachfolgebauten blieben dem Vorbild der Elisabethkirche treu: mit dem Fehlen der Quergiebel, mit der Schmalheit der Seitenschiffe wie bei den Rundpfeilern mit vier Runddiensten. Übrigens folgten dem auch einige Kirchen des Deutschen Ordens außerhalb Hessens, wie zum Beispiel die Blasiikirche in Mühlhausen. Es handelt sich bei der Marburger Bauschule in der Tat um eine speziell hessische Baukunst, sodass wir hier zu Recht von hessischer Kunst und nicht nur von Kunst in Hessen sprechen.

Die Landeszugehörigkeit spielte beim Bau der Kirchen offensichtlich eine Rolle, wie man aus der Analyse der Pfarrkirchen von Korbach schließen kann: Als Korbach noch zum Machtbereich der Grafen von Waldeck gehörte, den Vögten der Bischöfe von Paderborn, bekam die ältere Pfarrkirche St. Kilian aus der Zeit 1335–1450 die breiten westfälischen Seitenschiffe. Die jüngere Pfarrkirche St. Nikolai in der Neustadt wurde nach dem Übergang der Lehnshoheit an die Landgrafen von Hessen 1441 mit schmalen hessischen Seitenschiffen erbaut.

Getreue Nachfolgebauten der Elisabethkirche in Marburg sind zum Beispiel die Stiftskirche in Wetter, die Liebfrauenkirche in Frankenberg, die Pfarrkirchen von Homberg an der Ohm, Homberg an der Efze und Melsungen sowie die beiden Pfarrkirchen in Eschwege. Sogar bei der letzten der drei großen Zisterzienserkirchen in Hessen, der Klosterkirche von Haina, verwendete man nicht die traditionelle Basilika-Form, sondern folgte auch in vielen Details – wie dem zweigeschossigen Wandaufbau in den östlichen Jochen – dem Marburger Vorbild der Hallenkirche. Die freien Reichsstädte Wetzlar und Friedberg leiteten ihre Bauformen sowohl von den hessischen wie von den westfälischen Hallenkirchen ab. So verband man im Dom von Wetzlar die schmalen hessischen Seitenschiffe mit westfälischen Schildgiebeln über den Querdächern. Ebenso verfuhr man bei der Stadtkirche von Bad Wildungen, hier spiegelt es die wechselnde Zugehörigkeit mal zur Grafschaft Waldeck und dann wieder zum Landgrafentum Hessen wider.

Eine besondere Raumform mit einem Hauptschiff und nur einem Seitenschiff wurde im 14. und 15. Jahrhundert mit einigen Kirchen der Bettelorden geschaffen, zum Beispiel bei den Minoriten in Fritzlar, den Karmelitern in Kassel, den Augustinereremiten in Alsfeld und außerhalb Hessens bei den Franziskanern in Salzwedel und Angermünde. Durch die Beschränkung auf nur ein Seitenschiff entstanden fast quadratische Räume, die sich gut für Predigten eigneten. Um die Kanzel herum konnte man sich gut versammeln, zumal sie im Mittelalter meist an einem Mittelpfeiler des Langhauses angeordnet war. Man stand damals noch während der Predigt, Gemeindegestühl kam allgemein erst im 16. Jahrhundert auf.

Den lang gestreckten einschiffigen Chor schloss man zum Schiff hin mit einem Lettner ab, der beim Blick durch seine Bögen mehr ahnen als sehen ließ. Dadurch störte auch die eine Pfeilerreihe nicht so sehr.

Verwunderlich ist die Zweischiffigkeit bei einer Pfarrkirche wie in Eltville im Rheingau. Dadurch waren die Gläubigen im südlichen Seitenschiff von der heiligen Handlung im Chorraum getrennt.

Unabhängig von der von Marburg ausgehenden hessischen Bauschule entstand in der Spätgotik eine zweite in Frankfurt am Main, die in den Rheingau ausstrahlte. Sie wurde durch den Baumeister Madern Gerthener begründet, nach dessen Entwürfen ab 1415 der Westturm des Frankfurter Domes entstand. Der Beitrag der reichen und mächtigen Messestadt Frankfurt zur Architekturgeschichte des Mittelalters war eher bescheiden. Doch der Turm des Frankfurter Domes gehört nach dem von Freiburg und Straßburg zu den schönsten Türmen der Gotik in Deutschland; er ist bis auf die Laterne noch mittelalterlich, während die Türme von Köln, Ulm, Regensburg und Meißen erst im 19. Jahrhundert fertig gestellt wurden.

Die als Dom bezeichnete Stiftskirche in Frankfurt war im Übrigen eher bescheiden angesichts der Tatsache, dass hier seit 1147 die deutschen Könige gewählt und ab 1562 auch gekrönt wurden. Gerthener hat die Vollendung seines Turmes nicht mehr erlebt, nach seinem Tod 1430/31 war dieser erst bis zur Hälfte des ersten Obergeschosses gediehen. Die Nachfolger des berühmten Baumeisters wichen jedoch bis zur Vollendung der Kuppel 1513 nicht von seinen Plänen ab. Die Originalentwürfe für den Bau blieben bis heute erhalten. Erstaunlich ist, dass Gerthener die parabelförmig gestreckte gotische Kuppel bereits 1415 konzipiert hatte, d.h. nur eine Generation, nachdem in Florenz eine ähnliche Kuppel nach dem „Kommissionsmodell" geplant worden war.

Unter dem Einfluss des Domturms in Frankfurt entstand zur Regierungszeit des Mainzer Erzbischofs Konrad III. von Daun (1419–34) in Eltville über einem älteren Untergeschoss der schöne schlanke Westturm, der weit in die Rheinlandschaft hinein wirkt. Auch der neue Chor der Leonhardskirche in Frankfurt, der 1425–34 an ein romanisches Langhaus angefügt wurde, wird Madern Gerthener zugeschrieben.

In Kiedrich begann man die Wallfahrtskirche wesentlich zu vergrößern und zu verschönern, nachdem man 1454 weitere Reliquien des heiligen Valentinus erhalten hatte. In mehreren Bauabschnitten entstand bis 1493 eine aufwendige, sehr malerische Emporenkirche, die ihrerseits zum Vorbild für das um 1500 bis 20 erbaute fünfschiffige Langhaus der Leonhardskirche in Frankfurt mit ihren Steinemporen und Sterngewölben wurde.

Im Vergleich zur Romanik hatte der Profanbau in der Gotik einen wesentlich höheren Anteil an der Baukunst. Es entstanden zwar sehr viele Burgen, jedoch nicht mehr wie in der Wetterau als Reichsburgen, sondern für den niederen und mittleren Adel sowie für die Territorialherren. Der Zerfall der Reichsgewalt kommt darin zum Ausdruck. Besonders anschaulich ist das bei der Burg Münzenberg, die nach dem Aussterben des gleichnamigen kaiserlichen Ministerialengeschlechts zur Ganerbenburg wurde, das heißt, man teilte sie unter vier verschiedenen Eigentümern auf. Am Ende blieben die Falkensteiner und die Grafen von Hanau übrig, für letztere wurde in der Gotik ein zweiter Bergfried und ein weiterer Palas errichtet.

Rund 800 Burgen, Burgruinen und Stätten ehemaliger Burgen sind in Hessen noch nachzuweisen, davon stammen etwa drei Viertel aus dem Zeitalter der Gotik. Sie weisen sehr individuelle Erscheinungsformen auf, beeinflusst von ihrer Lage, Funktion und geschichtlichen Entwicklung. Den Niederungsburgen mit schützendem Grabengeviert stehen viele Arten von Höhenburgen gegenüber, je nach der topografischen Lage als Gipfel-, Sporn-, Hang- oder Gratburg ausgebildet. Dazu kommen die fortifikatorischen Elemente wie Ringmauer, Schildmauer, Turm, Bergfried und Zwinger, mit denen man ältere Burgen der Entwicklung neuer Angriffswaffen anpasste.

Die Gotik ist das Zeitalter der Stadtgründungen und Stadterweiterungen. Zu den organisch um einen Siedlungskern gewachsenen Städten kamen nun die planmäßig angelegten. Mit der Gründung und dem Wachstum der Städte entstand ein großer Bedarf an Bürgerhäusern, Rathäusern und Stadthöfen des Adels sowie der Klöster. Die Steinbauten waren wegen der Möglichkeit, sich darin zu verschanzen, dem Adel vorbehalten. Für die mittlere Kaufmannschaft und das Handwerk waren sie auch zu teuer. Deshalb wurde das Fachwerk zur prägenden Bauweise der hessischen Städte. In keinem anderen Bundesland blieben so viele von ihnen in weitgehend unverändertem Zustand bewahrt.

Greifenstein, Burgruine

Mit seiner Lage auf einem hohen Felskegel am Ostrand des Westerwaldes, mit seiner unregelmäßigen, differenzierten Baugestalt und seiner Geschichte ist der Greifenstein eine typische deutsche Höhenburg und zugleich eine der größten in Hessen. Die deutsche Burg entwickelte sich – wie hier am Greifenstein deutlich abzulesen – aus den bescheidenen Anfängen häufig einer Turmburg; von Generation zu Generation wurden immer neuer Bauteile hinzugefügt, um mit der Anlage neuer Verteidigungsanlagen der Entwicklung neuer Angriffswaffen zu begegnen und auch den gestiegenen Wohnansprüchen zu genügen. Die vollständig oder in Ruine erhaltenen Bauteile spiegeln eine wechselvolle Geschichte, geprägt von der schwierigen topografischen Lage, vom Wandel der Besitzverhältnisse, von Belagerungen und schließlich vom Verfall seit dem Ende des 17. Jahrhunderts und von der durchgreifenden Instandsetzung in unserer Zeit.

Von den Anfängen dieser bedeutenden Burg weiß man bisher nur, dass die Herren von Beilstein bald nach 1226 ihren Sitz nach Greifenstein verlegten, da die Grafen von Nassau sie aus ihrer in der Nähe gelegenen Stammburg Beilstein verdrängt hatten. Nach ihrer neuen Burg nannten sie sich nun Herren von Greifenstein. Doch nicht lange konnten sie sich behaupten, schon 1298 wurden sie nach der Zerstörung ihrer Burg durch die Nassauer mit Hilfe der Herren von Solms vertrieben. Danach blieb der Greifenstein für mehr als 80 Jahre eine Ruine, denn er war zusammen mit der Herrschaft Greifenstein zum Streitobjekt zwischen Nassau und Solms geworden. Erst im Jahre 1382 konnte Graf Johann von Solms-Burgsolms die Ruine endgültig in seinen Besitz bringen und die Burg neu erbauen. Aus dieser Zeit stammen unter anderem die beiden großen Türme, die auf der älteren Schildmauer aus der Zeit nach 1226 aufsetzen und mit ihr zu einem gewaltigen Mauerblock verschmelzen. Der rechte, westliche Turm wird Nassauer Turm genannt, und links im Osten steht der Bruderturm. Beide hatten ursprünglich eine Wehrplattform mit Zinnenkranz; sie erhielten um 1680 steinerne, verschieferte Kuppeln, wie sie beim Nassauer Turm noch vorhanden sind. Der Spitzhelm des Bruderturms ist eine Folge seines Umbaus zum Glockenturm.

Im 15. und 16. Jahrhundert wurde die Burg zur Verteidigung gegen die pulvergetriebenen Kanonen immer stärker ausgebaut, dann noch einmal ab 1602, als sie die Residenz Graf Wilhelms I. von Solms-Greifenstein wurde. Der Graf war ein bekannter Festungsbaumeister, von seinem Wissen zeugen beim Greifenstein ausgedehnte Kasematten und Bastionen sowie ein gewaltiger Geschützturm. Letzterer wurde später die Rossmühle genannt, als man ihn in ein von Pferden angetriebenes Göpelwerk umwandelte.

Einen letzten Ausbau nahm Graf Wilhelm Moritz von Solms-Greifenstein ab 1681 vor. Er ließ auf die gotische Katharinenkapelle eine üppig mit Stuck ausgestattete Barockkirche setzen und fügte an die Doppelturm-Schildmauer den heute als Ruine sichtbaren repräsentativen frühbarocken Wohnbau an, den Neuen Bau. Angesichts dieses beachtlichen baulichen Aufwands überrascht es um so mehr, dass Graf Wilhelm Moritz schon 1693 den Greifenstein verließ, um in das durch Erbgang an ihn gelangte Braunfels umzusiedeln, das von nun an die Residenz des Grafenhauses war.

Ein Stich von Matthäus Merian aus seiner Topographia Germaniae von 1646 gibt die Burg noch in ihrer reichen Silhouette mit vielen Mauern, Türmen, Dächern, Erkern und Zinnen wieder. Nicht der Krieg, sondern die in drei Jahrhunderten unterlassene Nutzung und Bauunterhaltung ließ die als uneinnehmbar geltende Burg zur Ruine werden. Nur die barocke Schlosskapelle pflegte man, da man sie als Pfarrkirche des Dorfes nutzte, ebenso die Türme, von denen man den östlichen für die Glocken verwendete. Als 1969 der Neue Bau einzustürzen und den Zugang zur Kirche zu versperren drohte, bildete sich ein Verein zur Rettung der Burg. Der Verein hat seitdem Vorbildliches geleistet; er ermöglicht einer von Jahr zu Jahr größer werdenden Schar von Besuchern das Erlebnis dieser Höhenburg, die auch als Ruine noch immer großartig ist.

Greifenstein, Burgruine, Neuer Bau und Türme der Schildmauer

Marburg, Elisabethkirche

Nachdem die Landgräfin Elisabeth schon vier Jahre nach ihrem Tod 1231 heilig gesprochen worden war, legte man noch im selben Jahr 1235 den Grundstein zum Bau einer ihr geweihten Kirche. Kaiser Friedrich II. von Hohenstaufen kam 1236 selbst zur Exhumierung ihrer Gebeine, stiftete eine Krone für die Anfertigung eines Reliquiars und förderte einen aufwendigen Kirchenbau über den Grundmauern jenes Franziskanerhospitals, in dem Elisabeth sich von allem weltlichen Prunk abgewandt der Armenpflege gewidmet hatte. Das Bauwerk erhielt vier Funktionen: Der Ostchor diente dem Deutschen Orden, dem die Kirche übergeben worden war; der Nordchor wurde zur Gedächtniskapelle für die heilige Elisabeth; im Südchor befand sich die Grablege der Landgrafen von Thüringen, ab 1265 der von Hessen; das Langhaus wurde zur Kirche der Wallfahrer, die schon bald nach dem Tod der Landgräfin kamen; bereits zu Lebzeiten war sie wie eine Heilige verehrt worden.

Das Hospital lag nach mittelalterlicher Sitte wegen der Ansteckungsgefahr bei Infektionskrankheiten vor den Toren der Stadt. Da man die Grabkapelle über der Wirkungsstätte der Heiligen aufführen wollte, wurde die Wallfahrtskirche auf der damals freien Fläche außerhalb der Stadtbefestigung errichtet. Der Grundriss mit dem Dreikonchenchor wird in idealer Weise den oben genannten Funktionen gerecht. Seine Vorbilder könnte er in den Kölner Kirchen gehabt haben, in St. Maria im Kapitol trat er schon 1065 zum ersten Mal auf. Man muss jedoch nicht die rheinische Romanik als Vorbild für den Trikonchos in Marburg bemühen, es gab ihn auch bei Bauten der nordfranzösischen Frühgotik, so bei den Kathedralen von Noyon, Tournay und Soissons sowie bei der 1797 untergegangenen Kathedrale von Cambrai und der ebenfalls in der Französischen Revolution zerstörten Abteikirche St. Lucien in Beauvais. Diese Ableitung ist eher wahrscheinlich, denn die Elisabethkirche ist der erste rein gotische Bau auf deutschem Boden, entstanden unter dem Einfluss französischer Vorbilder und doch auch in großer Eigenständigkeit. Dazu gehört die Ausbildung des Langhauses als Hallenkirche mit drei gleich hohen Schiffen.

Für lange Zeit blieb es in der Kunstwissenschaft umstritten, ob zunächst eine Basilika geplant gewesen war, die dann während des Bauvorganges in eine Hallenkirche umgewandelt wurde. Anlass für diese Theorie war die Tatsache, dass der Grundriss des Langhauses mit einem breiten Mittelschiff und zwei halb so breiten Seitenschiffen traditionsgemäß zu einer Basilika gehört. Zudem gibt es beim Anschluss der beiden Querschiffarme an das Langhaus Überschneidungen zwischen den Überfangbögen der Fenster. Auch der zweigeschossige Wandaufbau wurde als Beweis für das nachträgliche Aufstocken der niedrigen basilikalen Seitenschiffe herangezogen. Jürgen Michler hat jedoch in einer schlüssigen Beweisführung endgültig nachgewiesen, dass der Bau von Anfang an als Hallenkirche geplant war. Auch für den zweigeschossigen Wandaufbau weisen die Vorbilder nach Frankreich, so zur ehemaligen Abteikirche St. Yved in Braisne und zur Wallfahrtskirche St. Marthurin in Larchant.

Elisabethkirche, Inneres nach Nordwesten

Bei der Doppelturmfassade der Elisabethkirche in Marburg sind auch die Turmhelme aus Werkstein gefügt; das ist für deutsche Verhältnisse, die Blei- oder Schieferplatten sowie Ziegeln auf Holzkonstruktionen bevorzugt, eine seltene und vermutlich ebenfalls von Frankreich inspirierte Technik.

Eine in Marburg selbst entwickelte Besonderheit sind die Walmdächer über den einzelnen Jochen der Seitenschiffe; es sind die ersten, die anhand der hier noch originalen Dachstühle in Deutschland nachgewiesen werden können. An diesen Dachstühlen konnte mit Hilfe der Dendrochronologie die Baugeschichte noch genauer nachvollzogen werden, als es bisher allein mit der Grundsteinlegung 1235 und der Weihe 1283 möglich war. Danach entstand im ersten Bauabschnitt von 1235 bis 1243 der Dreikonchen-Ostbau. Von 1244 bis 1265 wurden die östlichen Joche des Langhauses bis zu der Baunaht aufgeführt, die man am Wechsel der Maßwerkformen noch deutlich ablesen kann. In den östlichen Fenstern verschmilzt das Rundstabprofil des Kreises noch nicht mit dem der beiden Spitzbogenbahnen; die Form folgt damit ganz dem Vorbild der ab 1211 erbauten Chorkapellen der Kathedrale von Reims. Die Maßwerkfenster der westlichen Joche haben die modernere Form mit der Verschmelzung der Profile, wie sie bei den jüngeren Bauteilen in Reims auftritt.

In einem dritten Bauabschnitt vollendete man bis zu Weihe 1283 die westlichen Langhausjoche und schloss den Bau nach Westen mit dem großen Maßwerkfenster ab. Die Türme wurden wahrscheinlich erst im ersten Viertel des 14. Jahrhunderts fertig gestellt. Und doch ist die Bauzeit für diese zwar nur mittelgroße, jedoch aufwendig gebaute und ausgestattete Kirche für mittelalterliche Verhältnisse erstaunlich kurz. Die Architektur blieb bemerkenswert einheitlich und von späteren Veränderungen verschont, sodass man sie fast für neugotisch halten könnte. Die Seitenschiffe wirken gangartig eng und ungewöhnlich steil proportioniert. Auch besitzt sie weitgehend noch die ursprüngliche Farbverglasung der Chorfenster.

Marburg, Türme der Elisabethkirche von Südwesten

Marburg, Schloss

Auch die moderne Hochhausbebauung kann die beherrschende Wirkung des Marburger Schlosses für das gesamte Lahntal nicht völlig aufheben. Eine Burg gab es an dieser Stelle sicher schon in der Zeit der ersten fränkischen Besiedlung. Man kann hier – ebenso bei Städten wie Frankenberg an der Eder, Homberg an der Ohm und Homberg an der Efze – die typische Anordnung beobachten: die Siedlung am Hang, die Pfarrkirche darüber und die Burg auf dem Berggipfel.
In Marburg wird eine Burg der Landgrafen von Thüringen erstmals 1138/39 urkundlich genannt. Von etwa 1260 an baute man die Burg zu einem der prächtigsten gotischen Schlösser in Deutschland aus, zu einer Zeit, als sich die Landgrafschaft Hessen von Thüringen zu lösen und zu dem bedeutendsten Machtfaktor auf dem Boden des heutigen Bundeslandes zu werden begann.

Marienkriche und Schloss

Wenn man heute stets vom Schloss und nicht von der Burg in Marburg spricht, so liegt das daran, dass die mittelalterlichen Wehrmauern und die Befestigungsanlagen des Absolutismus bis auf wenige Reste verschwunden sind und der einstige Wehrcharakter nicht mehr in Erscheinung tritt. Hinzu kommt die ungewöhnlich aufwendige Gestaltung des inneren Wohnkomplexes. Neben der Papstburg von Avignon und der Marienburg in Ostpreußen gehört das Marburger Schloss zu den prachtvollsten gotischen Schlössern in Europa.

Dieser mittelalterliche Wohn- und Repräsentationsbau ist als unregelmäßige Dreiflügelanlage um einen Innenhof gruppiert. Frei stehend davon abgerückt befindet sich im Osten der Wilhelmsbau, der erst 1493–97 von Hans Jakob von Ettlingen hinzugefügt wurde. Der links davon sichtbare Südflügel, die Alte Residenz, war der Wohnbau des Landgrafen; er ist hervorgegangen aus dem Umbau des romanischen Palastes. An seinem Ostende erhebt sich die Schlosskapelle, die wegen des stark abfallenden Geländes auf hohen Substruktionen ruht. Ihr Grundriss ist interessant: ein in die Länge gestreckter Zentralbau auf dem Grundriss eines lateinischen Kreuzes mit polygonalen Abschlüssen. Damit wurden bei der 1288 geweihten Schlosskapelle Anregungen von der Elisabethkirche in Marburg und von der Liebfrauenkirche in Trier aufgenommen. Dennoch ist sie ein ganz eigenständiges Werk, das die Idee der Sainte-Chapelle aus Frankreich den besonderen Verhältnissen des Marburger Schlosses anpasst. Die harmonischen Proportionen und eleganten Architekturformen zeugen vom Einfluss französischer Hochgotik, geformt von der verfeinerten ritterlichen Kultur am Hof der Könige von Frankreich. Dies wird im Inneren auch durch die raffinierte Farbgebung mit einer ungewöhnlichen Kombination von Farbtönen unterstrichen; sie wurde aufgrund umfangreicher Originalpartien 1972–73 rekonstruiert. Kein Denkmalpfleger käme ohne den originalen Befund auf die Idee, derart verschiedene Rot- und Rosatöne zu kombinieren, dazu Blau und Grün. Wenn die Farben an sonnigen Tagen bei blauem Himmel zu intensiv wirken, so liegt dies am Fehlen der originalen Farbverglasung, durch die der Raum ein gefiltertes, diffuses Licht erhielt und die Farben der Raumfassung entsprechend dämpfte.

Inneres der Schlosskarpelle

Der Querbau im Westen wird Frauenbau genannt. Er wurde 1486–87 unter Einbeziehung eines frühgotischen Wohnturms neu aufgeführt. An ihn schließt nach Norden der monumentalste Flügel an, der als Saalbau wahrscheinlich noch unter dem ersten Landgrafen von Hessen Heinrich (†1308) begonnen worden war; an seinen Mauern finden sich die gleichen Steinmetzzeichen wie an den Westtürmen der Elisabethkirche in Marburg, daraus lässt sich eine Bauzeit im ersten Viertel des 14. Jahrhunderts ableiten. Bis zur Errichtung des Frauenbaus stand der Saalbau allseitig frei. Seinen gewaltigen Baukörper mit dem hohen Steildach umstehen vier schlanke polygonale Ecktürme. Der auf seine heilig gesprochene Großmutter Elisabeth fußende Herrschaftsanspruch Landgraf Heinrichs I. konnte deutlicher nicht zum Ausdruck gebracht werden. Davon zeugt auch der Rittersaal, er nimmt das gesamte Obergeschoss ein und wurde mit einem baukünstlerischen Aufwand gestaltet, der im 14. Jahrhundert nur für Sakralbauten üblich war. Nach der Tradition der Rittersäle ist er zweischiffig mit Gewölben auf einer mittleren Reihe von Pfeilern ausgebildet. Ohne Unterbrechung durch Kapitelle oder Kämpferplatten, wie noch im 13. Jahrhundert allgemein üblich, wachsen die Rippen der Kreuzgewölbe aus den Achteckpfeilern heraus. Mit dieser Form werden spätgotische Stiltendenzen der zweiten Hälfte des 14. Jahrhunderts vorweggenommen.

Marburg, Schloss, westliche Giebelseite des Saalbaus

Frankenberg, Liebfrauenkirche

Die Stadt Frankenberg wurde um 1233–34 von den thüringischen Landgrafen als Stützpunkt gegen das feindliche Fritzlar der Erzbischöfe von Mainz gegründet. Sie muss sich sehr rasch entwickelt haben, wenn man die Größe der 1286 im Bau begonnenen Pfarrkirche Unserer Lieben Frau in Betracht zieht. Diese Kirche ist das getreueste Abbild der Elisabethkirche in Marburg, von der der Dreikonchenchor und die typischen Architekturformen der hessischen, von Marburg ausgehenden Bauschule der Hallenkirche mit breitem Mittelschiff und halb so breiten Seitenschiffen übernommen wurden. Wie in Marburg glich auch in Frankenberg die östliche polygonale Apsis den beiden Apsiden am Nord- und Südende des Querschiffs. Um die Mitte des 14. Jahrhunderts wünschte man sich einen größeren Chor für die in dieser Zeit beliebten großen Flügelaltäre und zahlreichen Seitenaltäre; reiche Bürger und Zünfte stifteten sie für die Fürbittegebete, man kam damit zu beträchtlichen Einkünften.

Während die meisten Baumeister der Gotik in der für das Mittelalter üblichen Anonymität verblieben, kennen wir hier mit Meister Tyle von Frankenberg eine Künstlerpersönlichkeit, von der wir uns bereits durch mehrere, ihm in Hessen zugeschriebene Werke ein anschauliches Bild machen können. Ab 1375 war Meister Tyle als Baumeister an der Marienkirche in Marburg tätig. Auf Grund stilistischer Beziehungen wird er auch als Schöpfer der Turmburg des Landgrafen von Hessen in Gießen-Hermannstein, des unvollendeten gotischen Westbaues des Domes in Wetzlar und des Wandtabernakels in der Klosterkirche von Haina angesehen. In Frankenberg wird ihm der neue, um 1350 begonnene und 1353 geweihte Ostchor zugeschrieben. Sein Hauptwerk aber ist die Marienkapelle, die etwa 1370–80 als selbständiger, kleiner Zentralbau an die Südostschräge des Südquerschiffs angefügt wurde. Am Außenbau befindet sich die Grabinschrift des 1386 verstorbenen Stifters Johann von Cassel.

Die Qualität des Bauwerks erkennt man an den harmonischen Proportionen und an den reichen Schmuckformen in virtuoser spätgotischer Steinmetztechnik.

Die gotische Altarwand im Inneren der Marienkapelle wirkt mit 6,5 m Höhe für den kleinen Raum riesig; sie ist ausgestattet mit einem reichen figürlichen und ornamentalen Schmuck.

Die Rundpfeiler mit je vier Runddiensten lassen auch im Inneren der Hallenkirche das Vorbild der Elisabethkirche in Marburg spüren. Die Ausmalung wurde nach einem Brand 1478 erneuert, später übermalt und 1962 nach den aufgedeckten Spuren restauriert. Die Grundfarbigkeit mit dem roten Wandton und dem weißen Fugennetz geht wahrscheinlich auf den Urzustand zurück, denn sie gleicht der noch in größeren Flächen erhaltenen Ausmalung der Elisabethkirche in Marburg. Zutaten der Erneuerung nach 1478 sind die Gewölbemalereien aus Ranken, Blüten und Früchten.

Marienkapelle an der Liebfrauenkirche

Inneres der Liebfrauenkirche nach Osten

Frankenberg, Liebfrauenkirche, gotische Glasgemälde im Chor

Von der mittelalterlichen Farbverglasung haben sich nur bescheidene Reste erhalten, allzu groß sind bei dieser Kunstgattung die Verluste durch Brände und Steinwürfe. Für den ursprünglichen Raumeindruck muss man sich alle Fenster mit einer derartig farbigen Verglasung und dem entsprechend gedämpften, mystischen Licht vorstellen. Die Reste aus neun erhaltenen Feldern stammen aus der Mitte des 14. Jahrhunderts; sie schildern in künstlerisch sehr qualitätvoller Weise folgende Szenen aus dem Neuen Testament: Verhör Christi durch Herodes, Geißelung, Dornenkrönung, Kreuzigung, Auferstehung, Erscheinung des Auferstandenen, Pfingstszene, Himmelfahrt und Christus als Weltenrichter.
Die Trenneisen bestimmen die Größe der Bildfelder, die Bleiruten die Binnenzeichnung.

Rüdesheim am Rhein, Burgruine Ehrenfels

Der Rhein war im Mittelalter für Deutschland die wichtigste Verkehrsader in Nord-Süd-Richtung. Wegen des miserablen Zustandes der meisten, nur grob befestigten Straßen und der erheblich größeren Gefahren durch Räuber und Wegelagerer waren die Wasserwege nicht nur bequemer, sondern auch sicherer. So gelangte von Süden ein großer Warenstrom aus Italien über die Alpen, den Bodensee und den Rhein bis in die Niederlande und auch in der Gegenrichtung. Allerdings verengte sich im Gebiet des Mittelrheins das Tal von Bingen bis zum Siebengebirge beim Durchbruch des Stromes durch das Gebirge; es war in diesem Engpass gut zu kontrollieren, um Zölle von den durchreisenden Händlern zu kassieren. Deshalb drängten viele große und kleine Herrschergeschlechter in das Gebiet des Mittelrheins, das oft umkämpft und territorial sehr stark zersplittert war. Auf nahezu jedem Berggipfel an beiden Ufern erhob sich eine Burg. Nirgendwo in Europas entstanden wie hier im Mittelalter so viele Burgen, deren Besitzer alle versuchten, Abgaben zu erheben. Ein Kaufmann, der den Rhein von Basel bis Köln befuhr, büßte einen wesentlichen Teil seines Warenwertes durch die erhobenen Zwangsabgaben ein, die in Geld und hochwertigen Waren wie Pfeffer zu entrichten waren.

Burg Ehrenfels

Auch für den Bau der Burg Ehrenfels am Steilhang über dem Rheintal unweit von Rüdesheim war die Sicherung einer der wichtigsten Zollstationen der Anlass. Die Burg bestand aus dem berühmten Mäuseturm auf einem Felsen in der Flussmitte; von dort aus waren Ketten zur Zollstation am rechten Ufer gespannt, um die Schiffe zum Anhalten zu zwingen. Der Name des Turmes hat mit den Nagetieren nichts zu tun, auch wenn die Sage berichtet, der Bischof von Mainz habe hier während einer Hungersnot Korn gehortet, statt es an die Armen zu verteilen, und die Mäuse hätten dann den Fluss durchschwommen und alles Getreide weggefressen. In Wirklichkeit hieß der Turm ursprünglich Mautturm, nach den heute noch in Südeuropa so genannten Abgaben.
Diese wichtige Zollstation musste man natürlich gegen die Überfälle durch Raubritter sichern und dafür errichteten die Kurfürsten von Mainz die Burg Ehrenfels. Einen Berggipfel, der als Schutz nahe genug gelegen hätte, gab es hier nicht; so musste man eine Hangburg anlegen. Bei diesem Typ war die Burg gegen eine Belagerung auf natürliche Weise nach drei Seiten durch das steil abfallende Gelände geschützt. Die Gefahr kam bei der Hangburg von der Bergseite, die für die Bewohner durch einen allmählich ansteigenden Weg parallel zum Hang gut zu erreichen war, aber eben auch für die Angreifer. Deshalb sicherte hier eine mächtige, 4,60 m starke und 20 m hohe Schildmauer mit zwei runden Eckflankentürmen von 33 m Höhe die Burg gegen Feinde.
Diese Bauform kommt ähnlich bei der Burg Greifenstein vor. Dort wurde sie nach 1383, hier jedoch schon nach 1356 erbaut. Bis in der 17. Jahrhundert hinein war die Burg Ehrenfels intakt, wie alte Ansichten überliefern. Zusammen mit vielen anderen Burgen am Rhein wurde sie im Pfälzischen Erbfolgekrieg 1689 von französischen Truppen zerstört. Heute ist nur noch eine Ruine sichtbar. Hier wie im ganzen Rheintal inspirierte die malerisch-verfallene Gestalt der Burgruine als Symbol des Vergänglichen die Dichter und Maler der Romantik.

Rüdesheim am Rhein, Burg Ehrenfels von der Hangseite aus

Kiedrich im Rheingau, Pfarrkirche St. Dionysius und Valentinus

Der Rheingau gehörte bis 1803 zum Kurfürstentum Mainz. Er ist eine kleine, sehr dichte Kulturlandschaft mit reizvollen Ortsbildern, zahlreichen Burgen und ungewöhnlich stattlichen Kirchen in den kleinen Städten und Dörfern, die ihren Wohlstand dem Weinbau verdanken. Durch die tiefe Frömmigkeit der Menschen im Mittelalter wurde ein großer Teil des Wohlstands in Kultur umgesetzt, besonders dort, wo er auf dem Weinbau beruhte. Man denke nur an Burgund, an die Toskana oder Mainfranken. In Kiedrich kam noch eine besondere religiöse Kostbarkeit hinzu: die Reliquien des heiligen Valentinus.

Inneres der Kirche nach Westen

Altarstiftungen in der Zeit zwischen 1380 und 1395 weisen auf den Bau einer neuen Kirche hin. Sie ist im Erdgeschoss des heutigen Baus noch erhalten; man erkennt sie an den noch altertümlicheren Maßwerkformen. In dieser Phase entstand eine niedrige dreischiffige Hallenkirche mit einem im Mittelalter unvollendeten Westturm, dessen oberstes Geschoss und schlanker Helm erst 1873–74 aufgesetzt wurden.

Als die Gemeinde 1454 neue Reliquien des heiligen Valentinus und dadurch die Wallfahrt einen neuen großen Auftrieb erhielt, vergrößerte und veränderte man die Kirche beträchtlich. Zunächst entstand ein breiterer und höherer Chorbau. Überliefert ist, dass der Baumeister Wilhelm hieß, noch vor 1476 verstarb und den Chor ohne Gewölbe hinterließ. Er war wohl ein Schüler von Madern Gerthener, dem Erbauer des prachtvollen Domturms in Frankfurt am Main. Unter der Leitung dieses qualitätsbewussten, schöpferischen Baumeisters entwickelte sich in Frankfurt eine spätgotische Bauschule, die mit Werken wie dem Turm der Pfarrkirche in Eltville und dem Chor der Valentinuskirche von Kiedrich in den Rheingau ausstrahlte.

Michaelskapelle, Strebepfeiler des Chörleins

Bei der Einwölbung des Chores in Kiedrich 1481 wirkte dann ein Baumeister aus der bayerischen Schule des berühmten Hans Stethaimer. Unter seinen zahlreichen Werken ragen einige heraus: vor allem St. Martin in Landshut, der Chor der Franziskanerkirche in Salzburg und St. Jacob in Straubing; es sind kühne Bauten mit reichen Gewölbefigurationen von malerischer Wirkung. Diese Beschreibung trifft auch auf die großartigen Sterngewölbe im Chor der Kirche in Kiedrich zu. Derselbe Baumeister stockte ab ungefähr 1485 das Hallenlanghaus zu einer Emporenkirche auf, die mit reichen Steinbrüstungen und Sterngewölben prachtvoll ausgestattet war. Der Innenraum der Valentinuskirche in Kiedrich fasziniert auch durch die reiche künstlerische Ausstattung mit Altären und Statuen, mit der Steinkanzel von 1493 und dem Lettner aus dem späten 15. Jahrhundert.

Eine Besonderheit ist die gotische Orgel, die nicht allein im Prospekt, sondern selbst in einem Teil des Klangkörpers noch aus der Zeit um 1500 stammt. Allerdings mussten große Teile des Werkes, ein Teil der Ornamentik und die bemalten Flügel des Prospektes 1857 weitgehend ergänzt werden, denn man hatte bei der letzten Instandsetzung 1760 ihren Wert nicht erkannt. Ein englischer Mäzen namens John Sutton entdeckte die heruntergekommene Kirche und ihre kostbare Ausstattung und opferte einen Teil seines Vermögens für die Restaurierung. Die Orgelbauer August und Lois Hooghuis aus Brügge ergänzten nach vorhandenen Resten den Prospekt und gaben 1875 dem Werk seine gotische Disposition zurück. Damals wurde auch der 1682 abgebrochene Lettner nach vorhandenen Reststücken rekonstruiert.

Südlich der Pfarrkirche erbaute man bald nach 1434 die reizvolle kleine Totenkapelle St. Michael, die 1445 geweiht wurde. Auf dem Kaffgesims ihres kleinen gotischen Chors tummelt sich allerlei wildes Getier, das nach der Vorstellung des Mittelalters jene bösen Geister symbolisiert, die durch die Kraft der Reliquien vom sakralen Innenraum ferngehalten werden. Die lichte Kapelle im Obergeschoss diente der Aufbewahrung und Präsentation der Reliquien.

Das Erdgeschoss war als Karner für die Gebeine Verstorbener bestimmt, die beim Ausheben neuer Gräber auf dem engen Friedhof entdeckt und sorgfältig aufgehoben wurden; nach dem Glauben des Mittelalters waren sie für die leibliche Auferstehung am Tag des Jüngsten Gerichts unentbehrlich. Derartige Karner – allerdings meist als Zentralbau ausgebildet – gibt es häufig, zum Beispiel in Bad Doberan an der Ostsee und in Heiligenstadt im Eichsfeld. Selten findet man jedoch eine so malerisch-reizvolle Baugruppe, wie sie in Kiedrich aus der großen Wallfahrtskirche als Mutterbau und der kleinen, zierlichen Totenkapelle als Tochterbau gebildet wird.

Kiedrich im Rheingau, Pfarrkirche St. Dionysius und Valentinus und Michaelskapelle von Nordosten

Bad Hersfeld, Fachwerkhaus Kirchplatz 5

Die Gotik ist das Zeitalter der Stadtgründungen. Im Schutz von Burgen oder Stiftsmauern entwickelte sich der Handel, zunächst auf nur zeitweilig benutzten Marktplätzen und vom 13. Jahrhundert an durch angesiedelte Kaufleute. In den rasch anwachsenden Städten wurde in der Enge des schützenden Mauerrings bald der Platz knapp. Deshalb konstruierte man als Ersatz für die bis dahin eingeschossigen Holzbauten mehrgeschossige Fachwerkhäuser. Ihre Frühform nennt man wegen der durch mehrere Geschosse durchlaufenden senkrechten Hölzer Ständerbauten. Mit der Entwicklung der Städte kam es auch zu einer stärkeren Arbeitsteilung. Während sich die Landbevölkerung ihre Häuser als eingeschossige Pfahlbauten noch selbst baute, ließen sich vom 13. Jahrhundert an die Handelsherren ihre mehrgeschossigen Ständerbauten durch speziell dafür ausgebildete Zimmerleute errichten. Man brauchte gut gewachsene Eichenstämme von beachtlicher Länge, sodass allein deren Beschaffung kostspielig war. Sie wurden nur mit der Axt aus dem runden Stamm in einen rechteckigen Querschnitt zugehauen; das erfolgte dadurch wachstumsgerecht und erklärt die bis heute unbegrenzte Haltbarkeit dieser Gefügebauten. Da man die Hölzer so verbaute, wie sie in der freien Natur gewachsen waren, mussten auch krumme verarbeitet werden, wie zum Beispiel bei der Schwelle des Hauses Kirchplatz 5 in Bad Hersfeld. Die Folge davon waren je nach Anordnung unterschiedlich lange Ständer. Sie während des Bauvorgangs zuzuschneiden, wäre zu schwierig gewesen. Deshalb legte man die Hölzer zunächst auf einer geglätteten Fläche aus – dem Abbundplatz –, schnitt sie passend zurecht und bereitete das Verblatten oder Verzapfen vor, das Verbindung der Hölzer untereinander. Die Ständer reichten durch zwei bis drei Geschosse – sie aufzurichten und die Wand durch den Querverband der horizontalen Riegel und der diagonal geführten Schrägstreben standfest zu machen, erforderte eine gewisse Fertigkeit. Danach wurden die Gefache mit Lehmflechtwerk geschlossen. In die an der Unter- und Oberseite eingekerbten Riegel- und Schwellhölzer wurden Kerben geschlagen, in die man senkrechte Holzstäbe klemmte, zwischen die Weidenruten gewunden wurden. Daher rührt das deutsche Wort Wand, nicht zu verwechseln mit der Mauer, die aus Steinen gemauert wird. Das Weidengeflecht bewarf man mit Lehm, den man zu einem Putz glättete und mit einer Kalktünche versah.

Ehemaliges Pfarrhaus Kirchplatz 5 (links)

Bei diesem Fachwerkhaus in Bad Hersfeld fand man bei der jüngsten Instandsetzung 1978 die in einigen Gefachen noch sichtbaren, in den feuchten Lehmputz eingedrückten Muster. Durch diese Bearbeitung nahm man dem Putz noch vor dem Austrocknen die Oberflächenspannung, so verhinderte man die Bildung von Schwundrissen, in die sonst hätte Wasser eindringen und in Verbindung mit Frost schwere Schäden anrichten können. Aus der technischen Notwendigkeit machte man sogleich einen Schmuck, wie man vor allem an dem Schachbrettmuster im obersten Geschoss der Giebelseite erkennen kann.

Das ursprünglich als Pfarrhaus und heute als Küsterwohnung dienende Haus Kirchplatz 5 in Bad Hersfeld wurde 1452 erbaut; ein Datum, das nicht etwa durch Urkunden, sondern mit Hilfe der Dendrochronologie ermittelt wurde. Diese Methode nutzt das unterschiedliche Wachstum von Holz. Man erkennt an der Stärke der Jahresringe, ob der Sommer trocken oder feucht war. Das wird grafisch umgesetzt, und Eichenholzteile können auf diese Weise bis auf das Jahr ihrer Fällung genau datiert werden. Da Eichenholz mit der Axt nur im nassen Zustand bearbeitet werden kann, muss es frisch verwendet worden sein; so kann das Fällungsdatum zugleich als Baudatum angenommen werden.

Das Spitzbogenportal, die Passformen in den Gefachen wie auch die mit dem Mittelalter endende Ständerbauweise weisen das Haus deutlich als gotisch aus.

Das durchgehende Band von vier Fenstern und sechs Andreaskreuzen darunter weist auf den Einfluss von Thüringen hin, für das diese Bauform charakteristisch ist. Die Fuß- und Kopfstreben waren zunächst rein konstruktiv zur besseren Aussteifung bedingt; mit der Zeit entwickelten sich Schmuckformen, hier in Gestalt von Andreaskreuzen und Vierpässen.

Bad Hersfeld, Detail vom ehemaligen Pfarrhaus Kirchplatz 5

Michelstadt, Rathaus

Hessen verfügt mit seinen Mittelgebirgen über beachtliche Vorkommen an Naturstein, und zugleich ist es mit 39 % bewaldeter Oberfläche noch heute eines der waldreichsten Gebiete Deutschlands. Durch diese natürlichen Ressourcen gibt es in den Burgen, Kirchen und Stadtbefestigungen eine interessante mittelalterliche Steinbaukunst.

In den Bürger- und Bauernhäusern herrscht das Fachwerk vor. Bis heute gehört zum besonderen Schatz dieses Landes eine große Zahl unzerstörter Fachwerkstädte. Sie reichen von Bad Sooden-Allendorf über Eschwege, Melsungen, Homberg an der Efze und Homberg an der Ohm, Marburg, Lich, Büdingen, Biedenkopf, Herborn, Limburg, Idstein, Seligenstadt bis in den Odenwald mit Hirschhorn,

Laube des Rathauses

Neckarsteinach und Michelstadt. Doch nicht nur die Bürgerhäuser der Kaufleute, Handwerker und Ackerbürger sowie die meisten Rathäuser wurden in den hessischen Städten aus Fachwerk erbaut. Gelegentlich zeigten sogar die Bauten des Adels und der Landesherren diese für Hessen typische Bauweise, wie der Steinsche Hof von Kirberg, der Mittelhof in Lehrbach und der Junker-Hansen Turm in Neustadt. Doch sind dies Ausnahmen, denn es war das Privileg des Adels, in Stein bauen zu dürfen, und so wurde das Fachwerk zur typisch bürgerlichen Bauweise.

Hessen ist besonders reich an großen und kleinen Rathäusern aus Fachwerk. Zu den bekanntesten und schönsten in Deutschland gehört das Rathaus von Michelstadt. Das Datum seiner Erbauung 1484 ist unübersehbar in einen Balken der Schaufront eingeschnitzt. Mehr als 500 Jahre hat der Bau allen natürlichen Gefährdungen wie Wind, Wetter, Fäulnis, Schwamm und Schädlingsbefall getrotzt und die nahezu unbegrenzte Haltbarkeit der Gefügebauweise aus Eichenholz demonstriert. Das Rathaus ist von den tatsächlichen Maßen her relativ klein, strahlt aber dennoch Monumentalität aus. Dazu trägt vor allem das hohe, steile Walmdach bei, in das hinein die beiden schlanken Pyramidenhelme über den polygonalen Eckerkern wachsen. Man fühlt sich bei diesem Dach an den Schiffsbau erinnert.

Das Erdgeschoss ist zu drei Vierteln als offene Laube ausgebildet. Die frei stehenden Stützen wurden aus sehr starken Eichenstämmen und mit doppelten

Giebel des Rathauses

Kopfbändern gefertigt. Die Kraft dieses Unterbaus steht in einem harmonischen Verhältnis zur Schlankheit des nach oben strebenden Baukörpers, in dem wie in kaum einem anderen hölzernen Profanbau das Wesen der gotischen Baukunst zum Ausdruck kommt. Im mittleren Bundpfosten des Obergeschosses ist hier durch die geschosshohen, sich kreuzenden Kopf- und Fußstreben eine Fachwerkfigur entstanden, aus der sich eine Generation später die Figur des Hessischen Mannes entwickelte. Die offene Halle diente dem Handel, der zugleich von hier aus überwacht wurde. Ihre wichtigste Funktion war jedoch die einer Gerichtsstätte, wie sie nach germanischer Tradition im Freien und im Mittelalter in offenen Lauben lag.

Michelstadt, Rathaus und Turm der Stadtkirche von Südwesten

Renaissance

Die Baukunst der Renaissance wurde in Hessen durch die Reformation und die Aufteilung des Landgrafentums 1567 unter den vier Söhnen Philipps des Großmütigen wesentlich geprägt. Es war eine unruhige Zeit politischer und religiöser Wirren sowie großer Veränderungen. Bauernkrieg und Schmalkaldischer Krieg brachten äußere Unruhen, viel Zeit zum Bauen blieb da nicht.

Die neue Kunst war schon ein Jahrhundert früher in Florenz geboren worden. Im Mittelpunkt des Kunstschaffens stand nicht mehr wie im Mittelalter der auf das Jenseits gerichtete christliche Glaube allein – die Erde und mit ihr der Mensch traten im Zeitalter des Humanismus stärker in den Vordergrund. Die Antike wurde zum Vorbild des künstlerischen Schaffens, und zwar weniger direkt in der Gestalt der Baukörper, als durch die Aufnahme der Ornamentik griechischer und römischer Bauwerke, die in Paestum, auf Sizilien und in erster Linie in Rom erhalten waren.

Nördlich der Alpen gab es – abgesehen von Trier – keine antiken Großbauten mehr. So kam man hier nicht auf direktem Wege zur Renaissance, sondern orientierte sich an der italienischen Renaissance, die meist durch die niederländische Baukunst vermittelt wurde. Vom eigentlichen Wesen der italienischen Renaissance mit ihren großen, monumentalen Baukörpern, deren klare geometrische Kuben sich deutlich vom Formengespinst der Gotik abheben, ist in Hessen wenig zu spüren. Die Elemente der Gotik zur malerischen Belebung von Baukörpern blieben auch in der Renaissance in Gebrauch: Erker, Treppentürme, Zwerchhäuser und Bogengalerien. Sie erhielten ein neues Dekor aus Voluten, Eierstäben, Konsolfriesen und dem übrigen Formenschatz, der vielfach von flämischen und holländischen Baumeistern, aber auch durch Musterbücher verbreitet wurde.

Die Baukörper entwickelten sich vom Ende des 16. Jahrhunderts an von der malerischen Vielfalt in asymmetrischer Anordnung zu klaren Kuben von regelmäßiger Gestalt. Die wehrhaften mittelalterlichen Burgen wurden noch ohne Plan und in zufällig erscheinender Gruppierung zu wohnlichen Renaissance-Schlössern umgestaltet. So kam es beim Schlossbau zu regelmäßigen Vierflügelanlagen mit Treppentürmen in jeder Hofecke, über die man in die Geschosse gelangte. Die Innenräume mussten zunächst noch durchschritten werden, bis in der nächsten Stufe Außengalerien und nach 1600 Innenkorridore den Weg zu den Räumen ermöglichten. Nun aber brauchte man mehr Licht in den dunklen Schlosshöfen, sie erinnerten noch an die engen Burghöfe. Deshalb ließ man im frühen 17. Jahrhundert bei den Schlossbauten von Kranichstein, Hadamar und Idstein einen Flügel weg. Das war die Geburtsstunde der späteren Dreiflügelanlage des Barocks um den Ehrenhof, den so genannten Court d'Honneur.

So sehr die Teilung Hessens landespolitisch ein Nachteil war, so vorteilhaft war sie für den Schlossbau, denn jetzt mussten die Landesteile mit eigenen Residenzen ausgestattet werden. Im Bereich Hessen-Kassel war die Bautätigkeit besonders intensiv, doch sind leider die beiden Hauptbauwerke in Kassel und Rotenburg an der Fulda untergegangen. Landgraf Philipp der Großmütige hatte sich mehr dem Festungsbau gewidmet. Nach der Verbesserung der Fortifikationen in Ziegenhain ließ er auch das Schloss in den Formen der Renaissance erneuern. Leider ist es als Justizvollzugsanstalt für die Öffentlichkeit nicht zugänglich.

In Kassel begann Philipp 1557–62 mit dem Bau des bedeutendsten Renaissance-Schlosses auf hessischem Boden. Sein ältester Sohn Wilhelm IV. (1567–92) vollendete es vor allem mit einer reichen Innenausstattung; es ist bezeichnend, dass dafür der niederländische Baumeister Wilhelm Vernucken herangezogen wurde, während für den Rohbau der fürstliche Baumeister Antonius Riemenschneider zuständig war. Das Schloss wurde 1811 Opfer einer Brandkatastrophe.

Vom zweiten herausragenden Schlossbau der Renaissance im Landgrafentum Hessen-Kassel sind in Rotenburg an der Fulda nur noch die Außenmauern zweier Flügel erhalten. Unter Landgraf Wilhelm IV. wurde es 1570–71 unmittelbar neben einer mittelalterlichen Burg neu aufgeführt. Nachdem Landgraf Moritz die mittelalterliche Burg hatte niederlegen lassen, war 1607 die regelmäßige zweigeschossige Vierflügelanlage mit einem polygonalen Treppenturm in jeder Hofecke vollendet. Die Langseiten wurden in der Dachzone durch je drei Zwerchhäuser mit feingliedrigen Ziergiebeln belebt, wie sie heute nur noch an der Nordseite des Südflügels erhalten sind. Wesentliche Teile des Rotenburger Schlosses wurden zerstört, weil sie unzulänglich auf nicht tragfähigem Boden in unmittelbarer Nähe des Flusses gegründet waren, darunter auch der ersatzlos aufgegebene Ostflügel und der Nordflügel, der die Schlosskapelle von Wilhelm Vernucken enthielt.

Von dessen drei Kapellen in Hessen besteht so nur noch die in Schmalkalden, die er in den Jahren 1585–89 dekoriert hat. Das dortige Schloss repräsentiert als vollständig erhaltene Vierflügelanlage mit seinen gut erhaltenen, reich ausgemalten Innenräumen am besten die Renaissance-Baukunst im ehemaligen Landgrafentum Hessen-Kassel. Es gehört seit 1944 zu Thüringen.

Das Schloss in Eschwege entspricht noch dem älteren Bautyp, bei dem die einzelnen Teile aus dem Umbau einer gotischen Burg nacheinander entstanden: als ältester der Erker am Ostgiebel des Nordflügels von 1552, als jüngster der wuchtige, turmartige Baukörper an der Südostecke von 1617.

Auch Schloss Romrod bei Alsfeld entwickelte sich von einer staufischen Wasserburg zu einem Jagdschloss der Renaissance; 1578–88 wurden vom Baumeister Eberth Baldewein aus Marburg der Herrenbau und der Küchenflügel umfunktioniert.

Nachdem im Landgrafentum Hessen als erstem Land in Deutschland durch Beschluss der Synode von 1526 in der Stadtkirche von Homberg an der Efze die Reformation eingeführt worden war, verloren die Klöster ihren Verwendungszweck. Sie wurden jedoch selten abgebrochen, sondern wegen des wirtschaftlichen Wertes der Bausubstanz nur anders genutzt. Im Zisterzienserkloster Haina richtete man auf Betreiben von Philipp dem Großmütigen 1533 ein Hospital. Das Benediktinerkloster Breitenau wurde unter dem Landgrafen Moritz zum Schloss umgebaut; nach den Zerstörungen des Dreißigjährigen Krieges war davon nichts mehr erhalten. Anders in Morschen beim Zisterzienserinnenkloster Heydau. Es war nach der Umgestaltung 1527 ein Jagdschloss und dann 1612 der Witwensitz für die zweite Frau des Landgrafen Moritz, Juliane von Nassau. In seiner gut erhaltenen Gestalt ist dieses ehemalige Kloster zugleich ein Baudenkmal der Gotik wie der Renaissance.

Auch für das neue Landgrafentum Hessen-Darmstadt benötigte man nach der Teilung Hessens 1567 standesgemäße Residenzen für die Landesherren. Landgraf Georg I. (1567 bis 1596) hatte zwar den kleinsten Teil Hessens mit einem Achtel der Fläche und nur 20 000 Einwohnern geerbt, er baute jedoch zu seiner Regierungszeit gleich drei Schlösser neu. Die Hauptresidenz wurde Darmstadt, wo eine 1331 erstmals erwähnte Wasserburg 1546 niedergebrannt war. Noch vor der Teilung Hessens begann man den Wiederaufbau in den Jahren 1557–60, der dann 1567 unter Georg I. intensiviert wurde. Wie in Weilburg errichtete man hier die Bauten noch ohne erkennbaren Gesamtplan Stück für Stück. Das Schloss ist nie richtig fertig geworden. Es sollte 1716 bis 1726 einem gewaltigen barocken Neubau nach dem Entwurf von Remy de la Fosse weichen, der aber seinerseits ebenfalls unvollendet blieb. So gruppieren sich seit dem Ende des 16. Jahrhunderts fünf Bauteile unregelmäßig um den so genannten Kirchenhof; sie wurden im Wesentlichen 1595–97 unter der Leitung von Jacob Wustmann fertig gestellt. Als sechster Teil folgte dann der Glockenbau zur Barockzeit 1663–71, jedoch noch mit Anklängen an die Renaissance.

Sehr viel einheitlicher erscheint das Jagdschloss Kranichstein, das Georg I. 1571–79 unweit vom Stadtzentrum Darmstadts durch Jacob Kesselhut erbauen ließ. Bei der jüngsten tiefgreifenden Instandsetzung stellte sich heraus, dass man auch hier für den Neubau Teile einer mittelalterlichen Wasserburg wieder verwendet hatte. Dennoch wirkt die Dreiflügelanlage heute sehr einheitlich, nachdem man den Wirtschaftflügel später zum Wohnflügel umbaute und den anderen anpasste. Die Öffnung zu einer Dreiflügelanlage geht hier wahrscheinlich auf ein neues Naturerlebnis zurück, zumal das Schloss inmitten eines Hirschgartens und einer Fasanerie lag.

Lichtenberg, das dritte Schloss des Landgrafen Georg I., ist ebenfalls eine Dreiflügelanlage; deren offene Seite war jedoch bis 1845 durch die mittelalterliche Burg verstellt.

Nach den Landgrafen von Hessen waren auf dem Gebiet des heutigen Bundeslandes Hessen die Grafen von Nassau das mächtigste Herrschergeschlecht. Doch auch sie teilten ihre Macht und ihr Territorium immer wieder unter ihren Söhnen auf. So entstand eine ganze Reihe von Schlössern. Das Schloss in Weilburg gehört zu den bedeutendsten; es entstand sehr früh zwischen 1530 und 1572. Allmählich ersetzte es die Burg durch einzelne Renaissance-Bauten; deshalb ist es noch eine unregelmäßige Vierflügelanlage.

Die jüngeren Schlösser in Idstein von 1614 bis 77 und Hadamar von 1617–29 sind Dreiflügelanlagen, die auf den ersten Blick regelmäßiger erscheinen, als sie es tatsächlich sind. Beide enthalten ebenfalls noch Mauerwerk mittelalterlicher Burgen.

In Wiesbaden hatten die Grafen von Nassau die Burg in ein stattliches Renaissance-Schloss umbauen lassen; es musste jedoch 1838–41 dem heutigen klassizistischen Bau von Georg Moller weichen.

Außer den erwähnten Residenz- und Jagdschlössern für die Landesherren entstand im Zeitalter der Renaissance eine größere Anzahl von Schlössern für den mittleren und niederen Adel. Das Schloss Elmarshausen bei Wolfhagen und die Schlösser Netra, Mansbach, Nesselröden, Hungen und Buchenau gehörten zu dieser Gruppe und ebenso die Schlösser in Schlitz, Birstein und Offenbach.

Mit der fortschreitenden Staatsbildung im 16. Jahrhundert begannen die Fürsten zwar die im Mittelalter erworbenen bürgerlichen Freiheiten in den Städten einzuschränken, doch reichte bis zum Dreißigjährigen Krieg der Wohlstand noch für eine bürgerschaftliche Bautätigkeit aus. Man baute überwiegend in Fachwerk, um 1500 ersetzte man die Ständerbauweise durch die Rahmenbauweise mit kurzen, geschossweise verbauten Ständern. Schmuckformen nahmen zugleich sehr zu; sie lösten sich von den konstruktiv bedingten Figurationen und entsprachen zunehmend den Zierformen aus dem Steinbau. Bei dem äußerst stattlichen Rathaus von Melsungen tritt 1555–56 erstmals der so genannte Hessische Mann auf: konstruktiv als Bund- oder Eckpfosten und zugleich als Schmuckform.

Zunehmend kombinierte man in der Renaissance ein steinernes Erdgeschoss mit einem Obergeschoss aus Fachwerk, so beim Rathaus in Herborn 1589–91. Zugleich entstanden reine Steinbauten bei den Rathäusern in Darmstadt, Steinau, Windecken und Groß-Umstadt. Für das Bedürfnis nach Festen aller Art entstand im 16. Jahrhundert als neuer Bautyp das Hochzeitshaus, aus Fachwerk besonders stattlich 1580–90 in Fritzlar und als Steinbau in Alsfeld 1564–71.

Neue Städte wurden im 16. Jahrhundert nicht mehr gegründet; einige Städte wurden erweitert, jdoch nicht mehr durch die Bürgerschaft, sondern durch den Landesherrn. In Darmstadt veranlasste noch Landgraf Georg I. 1593 die planmäßige Erweiterung der Altstadt, damit sollte vor allem die Wohnungsnot bei den Beamten der neu gegründeten Residenz beseitigt werden. Um den Ballonplatz und an der von dort ausgehenden Alexander- und Magdalenenstraße wurden auf einheitlich breiten Parzellen zweigeschossige, giebelständige Bauten in offener Bauweise errichtet; sie waren mit dem benachbarten Gebäude jeweils durch einen Torbogen verbunden. Das sind die ersten Beispiele für eine offene Bauweise mit frei stehenden Baukörpern in Hessen. Eine ganze Reihe dieser Häuser sind erhalten geblieben, man kann sie an ihren Volutengiebeln erkennen.

In Hanau ließ 1597 Graf Philipp Ludwig II. südlich neben der Altstadt eine deutlich größere Neustadt zur Aufnahme von Religionsflüchtlingen – Niederländern und Wallonen – anlegen und durch eine sternförmige Befestigung mit fünf Eckbastionen sichern. Innerhalb des Festungsgürtels ist die Stadt durch einen schachbrettartigen Straßenraster gegliedert.

Neue Bauaufgaben entwickelten sich im Zeitalter der Renaissance aus den Bereichen Bildung und Kunst: Beispiele sind die Hohe Schule in Herborn 1591–1602 als Lateinschule und das Ottoneum in Kassel 1603–06, das älteste Schauspielhaus Deutschlands.

Lichtenberg, Schloss

Die Renaissance löste in Deutschland die Gotik vom Beginn des 16. Jahrhunderts an ab. Zugleich ist sie das Zeitalter des Übergangs vom Burgenbau zum Schlossbau. Geschütze waren pulvergetrieben, beweglicher und damit immer wirkungsvoller geworden, auch in unzugänglichem Gelände konnten die Burgen ihnen nicht standhalten. Nur Festungen wie Ziegenhain – mit Artillerie bestückt und mit einem weitläufigen System von Gräben, Wällen und Bastionen geschützt – konnten einer längeren Belagerung widerstehen.

Während die mittelalterliche Burg noch alle Funktionen wie Landesverteidigung, Wohnen und Verwaltung in sich vereinte, wurden diese von der Renaissance an auf die Festung einerseits und auf das Schloss andererseits verteilt. Der Übergang vollzog sich jedoch allmählich, indem man die Burgen zu Schlössern umgestaltete oder wie in Lichtenberg das Schloss neben der Burg errichtete. Auf der Terrasse nördlich des Schlosses erhob sich bis zum Abbruch 1845 die Burg Lichtenstein. Sie war zu Beginn des 13. Jahrhunderts von den Grafen von Katzenelnbogen erbaut worden und 1479 in den Besitz der Landgrafen von Hessen gelangt.

Das Schloss Lichtenberg ließ sich Landgraf Georg I. von Hessen-Darmstadt in den Jahren 1570–81 von Jacob Kesselhut aus Darmstadt als sein erstes Wohnschloss bauen. Das Gebäude war auf einem steilen Bergkegel über einem Seitental der Gesprenz gelegen und durch einen vorgelagerten, wuchtigen Batterieturm gesichert; so bot das Schloss noch den Schutz der Burg, für den man jedoch die Mühsal des Aufstiegs auf den Berg in Kauf nehmen musste.

Die von Kesselhut konzipierte symmetrische Dreiflügelanlage wirkt auf den ersten Blick sehr fortschrittlich, denn derart an einer Seite in die Landschaft geöffnete Anlagen kommen erst im 17. Jahrhundert auf. Jedoch stand an der offenen Nordseite bis 1845 die mittelalterliche Burg, und ein Blick vom Hof in die Landschaft war nicht möglich. Dennoch bot das Schloss einen weitaus größeren Wohnkomfort als die winklig verbaute Burg des Mittelalters; es hatte drei gleichmäßig gestaltete Flügel mit großen, regelmäßigen Fenstern in drei Geschossen sowie gleichmäßig geschnittene Wohn- und Repräsentationsräume.

Waren Burgen noch ganz auf die Zweckmäßigkeit und vor allem auf Verteidigung ausgerichtet, setzte im Schlossbau die Schmuckfreudigkeit mit elegant geschwungenen Ziergiebeln und reich verzierten Portalen ein. Die von Volutengiebeln gerahmten Zwerchhäuser sind von der Mitte des 16. Jahrhunderts an das wichtigste Motiv im Bereich der Dachzone. Da man keine Rücksicht mehr auf den Beschuss bei Belagerungen nehmen musste, konnten große Rechteckfenster an allen Seiten für eine ausreichende Beleuchtung aller Räume sorgen. Schon in der Gotik kamen diese Kreuzstockfenster vor; sie waren durch einen senkrechten und einen waagerechten Steinbalken unterteilt, da sie sonst für Verglasung zu groß gewesen wären. Dass es sich in Lichtenstein nicht um gotische Fenster handelt, erkennt man an den kleinen Voluten in den unteren Ecken.

Das Hofportal im Westflügel ist eine feine Steinmetzarbeit des Meisters Hartmann Besserich aus Straßburg. Der Brunnen im Schlosshof ist mit Beschlagwerk verziert, dem wichtigsten Schmuckmotiv der Renaissance in der ersten Hälfte des 16. Jahrhunderts. Es handelt sich um flache, bandartige Formen, die an die Eisenbeschläge von Truhen und Türflügeln erinnern und daher ihren Namen erhielten. In Lichtenberg sind von der einst sicher reicheren Ausschmückung der Wohnräume und Säle nur die Stuckdecken mit einfachen geometrischen Mustern erhalten geblieben. Sie tragen ähnlich wie die Gauben in der Gotik zur malerischen Belebung der Dachzone bei.

Ostgiebel des Westflügels

Schlossportal im Westflügel

Lichtenberg, Schloss von Süden

Groß-Umstadt, Rathaus

Dach- und Giebelzier des Rathauses

Unter allen Bürgerbauten der Renaissance in Hessen ragt das Rathaus von Groß-Umstadt durch seinen repräsentativen Baukörper und den Reichtum der Schmuckformen heraus. Deshalb ist in dem relativ unbekannten Werkmeister Hans Marian aus Darmstadt nur der örtliche Bauleiter zu sehen – die enge Verwandtschaft der Schmuckformen zum Heidelberger Schloss lassen den Entwurf von einem unbekannten Architekten aus der Kurpfalz vermuten.
Künstlerische Beziehungen zu Heidelberg erklären sich nicht nur aus der räumlichen Nähe, sondern auch aus der langen Zugehörigkeit von Groß-Umstadt zur Pfalz. Die Verbindungen zur Pfalz wechselten vom 16. Jahrhundert an mit solchen nach Hessen.
Für die Erbauungszeit 1596–1625 sind die Formen sehr weit entwickelt. Sie entfernen sich von den flächigen, mit Beschlagwerk vergleichbaren Bändern und Voluten wie in Schloss Lichtenberg und führen mit dem räumlichen Herauswinden und bizarren Herausragen der Schneckenenden zu malerischen Umrisslinien.
Damit gehört das Rathaus von Groß-Umstadt bereits zum Übergangsstil zwischen Renaissance und Barock, zum Manierismus. Dafür spricht auch die große Plastizität des Hauptportals mit dem bekrönenden, gebrochenen Segmentbogengiebel. Manieristische Formen werden ebenfalls erkennbar in der schraubenhaft gewundenen Haltung der beiden allegorischen Gestalten von Gerechtigkeit und Klugheit beiderseits des Zwerchgiebels. Es sind Kopien von einem Steinmetz – die stark verwitterten Originale befinden sich seit der umfassenden Restaurierung des Rathauses vor einigen Jahren im schützenden Inneren.
Ein Vergleich mit dem 1588–90 erbauten Rathaus in Darmstadt zeigt die Verwandtschaft zu den Formen in Groß-Umstadt, aber auch deren Weiterentwicklung durch den Einfluss des Friedrichsbaus in Heidelberg von 1601–04.
Neben einem Erdgeschoss-Fenster ist eine metallene Messlatte angebracht, die eingemeißelte Beischrift bezeichnet sie als „Umbstätter Elle 1604“. Für die Käufer auf dem Marktplatz vor dem Rathaus bot sie die Möglichkeit, die angegebenen Maße der Waren zu überprüfen und bei ungünstigen Abweichungen Beschwerde beim Rat einzulegen.

Portal des Rathauses

Groß-Umstadt, Giebelseite des Rathauses

Steinau an der Straße, Schloss

Der Zusatz „an der Straße" weist bei Steinau auf die Lage der Stadt an einer der wichtigsten Handelsstraßen des Mittelalters hin, der Via Regia von Frankfurt am Main über Leipzig, Görlitz und Krakau bis zur Krim. Schon früh legte deshalb das Kloster Fulda am Übergang der Straße über die Kinzig eine Burg an, die später in den Besitz der Grafen von Rieneck und aus deren Erbschaft an die Grafen von Hanau gelangte. Diese entwickelten sich zum wichtigsten Territorialherren im Gebiet östlich von Frankfurt bis an die Grenze zur Fürstabtei Fulda.

Eine Tagesreise von der Frankfurter Messe entfernt bot sich Steinau als Rastplatz für die reisenden Kaufleute an. Zum Schutz der Herbergen, mehr aber wohl zum Kassieren von Wegezoll, verstärkten die Herren von Hanau die frühmittelalterliche fuldische Burg ab 1290. Der mächtige Bergfried ist erhalten geblieben; er wurde in den großzügigen Neubau des Schlosses ab 1525 durch Graf Philipp II. von Hanau einbezogen. Dessen früher Tod 1529 unterbrach die Bauarbeiten; erst 1542 wurden sie fortgeführt durch Graf Reinhard von Solms-Lich, Vormund des unmündigen Grafen Philipp III. von Hanau. Daraus erklärt sich der höchst ungewöhnliche, fünfeckige Grundriss der weitläufigen Schlossanlage. Graf Reinhard von Solms-Lich war kaiserlicher Feldmarschall, Festungsbaumeister und Militärschriftsteller. Vielleicht plante er hier zunächst eine Festung mit Bastionen in Fünfeckform, die dann zu einer Parallele für die geplante pentagonale Festung von Caprarola nordöstlich von Rom geworden wäre. Alessandro Farnese hatte sie dort 1521 nach dem Entwurf der berühmten Architekten Antonio da Sangallo der Jüngere und Baldasare Peruzzi als Festung auf dem Grundriss eines regelmäßigen Fünfecks begonnen. Als er 1534 zum Papst Paul III. gewählt wurde, stellte er den Bau ein. Erst sein Enkel Kardinal Alessandro Farnese setzte das Werk um 1556 fort, jedoch nicht als Festung, sondern als Sommerpalast. Als Architekt wurde dafür Vignola berufen, der den Palazzo über den fünfeckigen Fundamenten der Festung vollendete.

In Steinau wurde der Bau 1558 unter dem Grafen Philipp III. von Hanau vollendet – auch hier nicht mehr als Festung, sondern als Residenzschloss einer Nebenlinie. Die Umwandlung der Fundamente einer Festung in die eines Schlosses würde nicht nur die umständliche Form fünfeckiger Gräben und Mauern erklären, sondern auch die Existenz der vier einzelnen Pavillons um das fünfeckige Kernschloss herum. Diese Pavillons stellen eine frühe Vorwegnahme barocker Kavaliersbauten dar; hier in Steinau dienten sie wirtschaftlichen Zwecken: der Pavillon im Nordwesten als Kanzlei, der im Nordosten als Pförtner-Wohnung, der im Südosten als Backhaus und der im Südwesten als Schlachthaus. Die fünfte Ecke des äußeren Berings wird vom südlichen Torturm eingenommen. Die Gräben und Mauern besaßen zwar noch eine gewisse Schutzfunktion, einem Beschuss durch Artillerie hätten sie jedoch keineswegs standgehalten. Sie und der bewusst erhaltene mittelalterliche Bergfried sind eher Symbole der Wehrhaftigkeit als Zeichen des Herrschaftsanspruchs. Ein echter Wehrbau hätte auch nie zwei Zugänge, wie sie hier im Norden zur Stadt hin und im Süden zur Feldmark mit Tortürmen im Mauerbereich und Zugbrücken über die Gräben ausgebildet sind.

Lag die Gesamtplanung vermutlich beim Festungsbaumeister Graf Reinhard von Solms-Lich, so kann für die Detailentwürfe und die örtliche Bauleitung der Werkmeister Asmus aus Büdingen urkundlich nachgewiesen werden. Die Verbindung von gotischem Maßwerk als Flächenschmuck mit den Großformen der Giebel und Erker im Renaissancestil ist typisch für Asmus, auch an seinen Bauten in Büdingen und Birstein kann man sie ablesen. Die so genannte Hofstube im Saalbau des Westflügels ist ein zweischiffiger Raum mit Kreuzgratgewölben auf kräftigen Rundstützen. Sie diente für Staatshandlungen, für den geselligen Aufenthalt wie auch als Speisesaal des gesamten Hofstaates. Man saß zwar je nach Stand an getrennten Tischen, nahm aber die Mahlzeiten gemeinsam ein – ein Zeichen dafür, dass der Absolutismus in dieser Zeit durch die evangelische Glaubenslehre noch ein menschliches Gesicht hatte.

Steinau an der Straße, Renaissance-Schloss mit mittelalterlichem Bergfried

Weilburg, Schloss

Die exponierte Lage auf einem hohen Felsenrücken in einer Lahn-Schleife weist auch beim Schloss in Weilburg auf eine Burg als Vorgängerbau hin. Sie war ursprünglich im Besitz der 906 erstmals erwähnten Konradiner und gelangte später an die Bischöfe von Worms. Als deren Vögte sind seit dem zwölften Jahrhundert die Grafen von Nassau nachzuweisen. Aus dieser untergeordneten Position entwickelten sie sich zum einflussreichsten Herrschergeschlecht im Südwesten des heutigen Hessen; sie bestimmten 1355 Weilburg zu ihrer Residenz.

Schloss, neue Hofstube

Im Unterschied zu Lichtenberg wurde hier in der Renaissance nicht das Schloss neben der mittelalterlichen Burg erbaut, sondern die Burg in den repräsentativen Wohnbau der Grafen von Nassau umgestaltet. Das geschah allmählich im Zeitraum von 40 Jahren. Man begann um 1530 mit dem Ostflügel an der Lahn-Seite, bei dem der Baumeister Nikolaus Schickedanz aus Frankfurt Reste des mittelalterlichen Palas einbezog. Für den Süd- und den Westflügel wurde der städtische Baumeister Baltasar Wolf aus Heilbronn berufen, er plante noch eine zur Stadt hin geöffnete Dreiflügelanlage und führte sie zwischen 1540 und 1548 aus. Baumeister Ludwig Kempf aus Worms wandelte zwischen 1560 und 1572 den Bau mit einem Nordflügel in eine Vierflügelanlage um. Schließlich fügte Baumeister Georg Robin aus Rudolstadt in den Jahren 1572–78 an der Hofseite des Nordflügels die offenen Arkaden hinzu, deren ionische Säulenordnung am deutlichsten den Einfluss der italienischen Renaissance widerspiegelt. Der einstmals offene Gang über den Arkaden wurde erst 1590 geschlossen. Die Zwerchhäuser aus Fachwerk sind eine Zutat von 1659 und beweisen, dass auch die Landesherren gelegentlich von der Holzbauweise Gebrauch machten. Die Schilderung der Baugeschichte zeigt, wie in der Frühzeit der Renaissance die Schlossbauten noch Bauteil für Bauteil über einen längeren Zeitraum und von mehreren Baumeistern mit wechselndem Planungskonzept entstanden. Sie folgten damit noch der mittelalterlichen Bautradition, wie sie auch in den Netz- und Sterngewölben der Innenräume spürbar wird.
Während im Weilburger Schloss die drei älteren Flügel Unregelmäßigkeiten aufweisen, zeichnet sich der zuletzt entstandene Nordflügel durch eine nahezu regelmäßige Gestaltung aus: Die beiden fünfseitigen Erkervorbauten, die zwei kleineren Erker und die vier Zwerchgiebel der Dachzone wurden symmetrisch angeordnet. Damit wird die langsame Abkehr von gotischen Bautraditionen mit malerisch-unregelmäßig gruppierten Bauteilen zu einer regelmäßigen Gestaltung im Sinne der italienischen Renaissance deutlich.
Im Erdgeschoss des Ostflügels liegt die Hofstube, deren Netzgewölbe auf zwei Rundpfeilern ruhen. An den Wänden konnten zu unserer Zeit Wandmalereien aus der Zeit um 1550 entdeckt und freigelegt werden. Wie in Steinau nahm auch hier die Grafenfamilie mit allen Mitgliedern des Hofstaats je nach Stand an Tischen platziert die Mahlzeiten ein, und zwar um 7, 9.30, 15 und 16 Uhr. Vor der Nachtruhe gab es noch einen Schlaftrunk. Neben der Hofstube lag ursprünglich die Küche; sie wurde 1709 in das Erdgeschoss des Westflügels verlegt und neu eingerichtet.
In der Zeit zwischen 1702 und 1746 fand unter der Leitung des nassauischen Hofarchitekten Julius Ludwig Rothweil eine wesentliche Erweiterung des Schlosskomplexes statt.

Weilburg, Hof des Schlosses nach Norden

Offenbach, Schloss

Die günstige Lage zwischen Mainufer und Altstadt könnte vermuten lassen, hier handele es sich um einen reinen Schlossbau der Neuzeit, den man wegen der verkehrsmäßig günstigen Lage an diese Stelle gesetzt hat.
Offenbach wird bereits 977 urkundlich erwähnt. Im 12. Jahrhundert war es im Besitz der Herren von Hagen-Altenburg, die sich ab 1174 von Münzenberg nannten und ein bedeutendes Ministerialengeschlecht der staufischen Kaiser waren. Sie erbauten wahrscheinlich die erste Burg Offenbach, die 1418 an die Grafen von Ysenburg gelangte. Diese waren ihrerseits die Nachfolger der Herren von Büdingen, ebenfalls Ministeriale der Staufer. Graf Reinhard von Ysenburg machte 1556 Offenbach zu seiner Residenz.

Detail von den Laubengängen des Schlosses

So gab es auch anstelle dieses Schlosses vorher einen Verteidigungsbau, nur war es keine Höhenburg, sondern eine Wasserburg. Sie wurde 1448 erwähnt und 1564 durch einen Brand zerstört. Ihre Reste kann man noch auf der Mainfront in den beiden Rundtürmen an den Ecken und im Bogenfries erkennen. Gleich nach der Brandkatastrophe ließ Graf Reinhard von Ysenburg-Büdingen den Wiederaufbau als „Lustiges Lager" betreiben, wie es wörtlich in den Schriftquellen heißt. Es war also ein reiner Wohn- und Repräsentationsbau, geeignet auch für Festlichkeiten aller Art. Die Daten am Bau überliefern die Jahreszahlen 1570, 1572 und 1578; für diese ungewöhnlich kurze Bauzeit spricht auch die relative Einheitlichkeit der Architektur zumindest an der Stadtseite. Die offenen Laubengänge der Hofseite sind ursprünglicher Bestandteil der Architektur, und zwar in allen drei Geschossen. Mit ihren kannelierten Pilastern, Karyatiden und Wappenfriesen verleihen sie dem Schloss den Eindruck großer Pracht, erfüllen aber auch den höchst praktischen Zweck von Verbindungswegen zwischen den seitlichen achteckigen Treppentürmen. Diese Bauweise war für die Erbauungszeit schon sehr fortschrittlich; ermöglichte sie es doch damit erstmals, jeden Wohnraum einzeln für sich zu erreichen, während man zuvor fast nur Durchgangsräume hatte, in denen man kaum ungestört sein konnte.
Später, beim Schloss in Hadamar, ersetzte man bei einem Flügel die offenen Laubengänge in ihrer Funktion durch innen liegende, von der Witterung unabhängige Korridore, wie sie später für den barocken Schlossbau zur Regel wurden.
Beim Schloss in Offenbach deuten Verzahnungen im Mauerwerk der Hoffront auf geplante, aber nie ausgeführte Seitenflügel hin. Die Hofarchitektur von 1570 bis 1578 ist im Verhältniss der drei Geschosse zueinander klar proportioniert. Die Höhe des Erdgeschosses ist die Summe der Höhen beider Obergeschosse. Alle drei sind reich verziert. Im Erdgeschoss liegen zwischen ionischen kannelierten Pilastern Rundbogenarkaden; im ersten Obergeschoss tragen Karyatiden, im zweiten Hermenpilaster das Gebälk. In den Brüstungsfeldern und an den Postamenten befinden sich 31 Wappen sowie allegorische Darstellungen der Gestirne und der Tugenden. Von den beiden Treppentürmen an den Gebäudeecken ist der westliche als offene Spindel ausgebildet und mit Netzgewölben ausgestattet. Die geschweiften Turmhauben, das dritte Obergeschoss und das Mansarddach sind Zutaten des 18. Jahrhunderts.

Offenbach, Hofseite des Schlosses

Hirschhorn, Schloss

Hoch über der Stadt am Berghang gelegen beherrschte die Burg der Herren von Hirschhorn das Neckartal, heute ist sie eine malerische Ruine. Die Burg erhielt ihren dreieckigen Grundriss, indem man geschickt die natürliche Form des Bergrückens zwischen dem Tal des Neckars und dem seines Nebenflusses Finkenbach ausnutzte. Die umfangreiche Wehranlage gliedert sich in eine untere, an die Stadtmauer anschließende Vorburg, eine weitere obere und die Kernburg. Sie soll in der Zeit um 1200 durch einen Sohn des Geschlechts derer von Steinach-Harfenberg erbaut worden sein, die sich in der nächsten

Schloss vom Neckarufer aus

Generation von Hirschhorn nannten. Die Herren von Hirschhorn waren zunächst dem Kloster Lorsch lehnspflichtig, nach dessen Aufteilung dann dem Kurfürstentum Mainz. Sie brachten es zu Ansehen und so großem Wohlstand, dass sie ihrem Lehnsherren und sogar dem Kaiser mit Darlehen helfen konnten. Sie erlebten aber auch einen Niedergang, als Engelhard II. zum Raubritter wurde, in die Reichsacht geriet und gefangen genommen wurde. Erst seinen Söhnen gelang es, das Ansehen der Familie wieder herzustellen und hohe Ämter bei den Landesherren von Kurmainz und der Pfalz zu besetzen. König Wenzel verlieh den Herren von Hirschhorn die Stadtrechte und die Genehmigung zum Mauerbau für das am Fuß ihrer Burg gelegene Dorf Hirschhorn. Aus dieser Zeit stammt die jüngere Vorburg, die an die Stadtmauer anschloss. Bei Burgen am Berghang oder auf einem Bergsporn war die Seite zur Höhe gefährdet. Deshalb tiefte man an dieser Stelle einen so genannten Halsgraben in das Gestein ein und errichtete dahinter eine 2,4 m dicke Schildmauer.

Auch solch ein nur regional bedeutendes Rittergeschlecht wollte auf den Wohnkomfort der Neuzeit nicht verzichten. Obwohl die Burg bis zum Erlöschen der Herren von Hirschhorn 1632 ihre strategische Bedeutung behielt, wurde sie 1583–86 durch einen Umbau unter Ludwig von und zum Hirschhorn und seiner Witwe Maria von Hatzfeld wenigstens teilweise mit den Annehmlichkeiten eines Schlossbaus versehen. Dazu wurde der frühgotische Palas zur Talseite hin zu einem stattlichen Renaissancebau erweitert. Er enthält noch romanische und gotische Teile, prägt aber erst seit dem Ausbau im 16. Jahrhundert durch seinen geschweiften Giebel und den Steinerker in der Südwand so stark die Silhouette der Burg. Vor allem seine Außenfarbigkeit ist sehr interessant, sie wurde vor einigen Jahren auf Grund erhaltener Spuren sorgfältig rekonstruiert.

Es zeigt sich, dass man überall da das Gestaltungsmittel Farbe einsetzte, wo man aus finanziellen Gründen auf eine plastische Gliederung zur Ausschmückung mit Gesimsen, Pilastern und Gebälk aus Werkstein verzichten musste. Die durch aufgemalte Schattenlinien geschaffene Illusion ist so wirkungsvoll, dass man zweimal hinsehen muss, bis man ausgemalte von tatsächlich vorhandenen Gliederungen unterschieden hat. Man kann aus diesem Beispiel die große Bedeutung der ursprünglichen Farbigkeit für das Erscheinungsbild der Bauten erkennen. Nur selten gelingt es, davon so ausreichende Spuren zu entdecken, anhand derer eine Rekonstruktion verantwortet werden kann. Manches heute sehr schlicht und unbedeutend erscheinende Bauwerk würde durch die Wiederherstellung seiner farbigen Fassung eine ganz andere Bedeutung erhalten.

Die dem Land Hessen gehörende Anlage erfuhr zur Förderung des Fremdenverkehrs einen Ausbau als Hotel und Gaststätte, von denen aus sich ein großartiger Blick auf die historische Altstadt und in die reizvolle Tallandschaft des Neckar bietet.

Hirschhorn, Schloss, Giebelseite des Palas

Nidda, Evangelische Heiliggeistkirche

Die evangelischen Kirchengemeinden richteten sich nach der Reformation in den mittelalterlichen Sakralbauten ein, indem sie die Bauwerke ihrer neuen Gottesdienstordnung anpassten, Heiligenbilder entfernten und eine Kanzel, ein Gemeindegestühl, Emporen und eine Orgel einbauten. Nur zwei größere Neubauten entstanden im Zeitalter der Renaissance in Hessen: die Stadtkirchen in Hungen und Nidda.

Im Unterschied zur Stadtkirche in Hungen, wo mittelalterliche Bauteile einbezogen wurden, handelt es sich in Nidda um einen völligen Neubau der Renaissance aus den Jahren 1616–18. Man löste sich damit zum ersten Mal in Hessen weitgehend von den Bautraditionen des Mittelalters und begründete den eigenständigen Typ einer protestantischen Predigtkirche. Ohne den Turm könnte man in dem schlichten Baukörper mit flankierenden Treppentürmen, doppelgeschossig angeordneten Rechteckfenstern und schmucklosen Putzflächen auch das Herrenhaus eines Gutshofes vermuten.

Diese Anlehnung an den Profanbau ist gewollt, denn nach protestantischem Verständnis wird die Kirche nicht an sich und allein durch ihre Bauformen zum Sakralbau, sondern erst durch die versammelte gläubige Gemeinde.

Das Innere stellt eine Weiterentwicklung des Vorbildes von Hungen dar, erkennbar an den doppelgeschossigen Emporen an drei Raumseiten und an der reicheren Stuckdecke. Die Felder der Decke zwischen den drei Unterzügen und an den Unterseiten der Emporen sind durch Stuckprofile in Vierpässe und Kreise gegliedert; man hat sie mit Rosetten und mit den Wappen des Landesherren Landgraf Ludwig V. von Hessen-Darmstadt und seiner Gemahlin verziert. In anderen Rosetten sieht man einen Pelikan als Symbol für den Opfertod Christi oder einen Phönix für dessen Auferstehung. Der Deckenstuck enthält das Datum seiner Entstehung 1616. Als Architekt ist urkundlich vom „fürstlichen Baumeister und Mainzer Werkmeister" die Rede, mit großer Wahrscheinlichkeit war es also ein Katholik – vermutlich Jakob Wustmann.

Kostbarstes Ausstattungsstück ist die Kanzel von 1616. Ihre reichen Schnitzereien betonen ihre große Bedeutung im evangelischen Kirchenraum als Stätte der Wortverkündigung.

Die Stadtkirche von Nidda wurde unmittelbar vor dem Dreißigjährigen Krieg erbaut. In Hessen beendete dieser Krieg die Entwicklung der Renaissance brutal.

Evangelische Heiliggeistkirche

Nidda, Hauptportal der Evangelischen Heiliggeistkirche

Barock

In Italien begann und endete die Renaissance ein Jahrhundert früher als in Deutschland, wo sie sich erst um 1525 durchzusetzen begann. Nach 1610 ging sie in den Manierismus über, dessen Entwicklung zum Frühbarock durch den Dreißigjährigen Krieg 1618–48 abgebrochen wurde. Dieser Krieg hatte in Hessen besonders verheerende Folgen, da zu den Glaubensstreitigkeiten noch Erbauseinandersetzungen kamen. Die Landgrafen von Hessen-Kassel stritten sich mit denen von Hessen-Darmstadt um das Erbe des dritten Teiles, der Landgrafschaft Hessen-Marburg, deren Herrschergeschlecht 1604 ausgestorben war. Nachdem vor dem Reichsgericht keine Einigung erzielt worden war, versuchten beide Parteien die Entscheidung auf dem Schlachtfeld zu erzwingen. Dabei kämpften die protestantisch-lutherischen Darmstädter auf der kaiserlichen Seite, während Hessen-Kassel traditionsgemäß zur evangelisch-calvinistischen Seite hielt. Große Verwüstungen besonders im Gebiet des heutigen Hessen waren die Folge; Grimmelshausen schildert sie anschaulich in seinem „Simplizissimus".

Am Ende gab es keinen eigentlichen Sieger, die territoriale Gliederung und damit die Zugehörigkeit zum Protestantismus oder Katholizismus blieben im Großen und Ganzen unverändert. Die Landgrafen von Hessen-Kassel schnitten im Erbstreit besser ab. Sie kamen außerdem 1736 durch Erbgang in den Besitz der Grafschaft Hanau, konnten so ihre politische Dominanz ausbauen und erstarkten bald auch wieder wirtschaftlich. Dadurch wurden sie zu den wichtigsten Bauherren, was noch durch die ungewöhnlich lange Regierungszeit des Landgrafen Karl 1670/77 bis 1730 begünstigt wurde. Zeugnisse der Bautätigkeit sind: die Anlage der weit über die Grenzen Hessens hinaus berühmten Gärten von Kassel-Wilhelmshöhe und der Karlsaue; Calden-Wilhelmsthal und Hanau-Wilhelmsbad sowie deren Schlösser; die barocke Stadterweiterung von Kassel und die Gründung von Karlshafen.

Die wirtschaftlich deutlich schwächere Ausstattung von Hessen-Darmstadt dagegen machte sich darin bemerkbar, dass man hier zwar 1716 ein neues, monumentales Residenzschloss begann, es aber nicht zu Ende führen konnte. Dazu kamen allerdings das sehr reizvolle Lustschlösschen in Weiterstadt-Braunshardt von 1760 und das Jagdschloss Wolfsgarten von 1721–24.

Die dritte große Kraft waren die Grafen von Nassau, deren Territorium immer wieder geteilt und dadurch politisch wie wirtschaftlich geschwächt wurde. Mit der Erhebung von Georg August Samuel von Nassau-Idstein 1688 in den Fürstenstand begann ein Aufstieg, der sich im Ausbau der Residenzen von Idstein und Weilburg sowie im Neubau der Schlösser von Saarbrücken, Usingen und Biebrich niederschlägt. An vierter Stelle rangierte im Schlossbau die Fürstabtei Fulda mit ihrem Stadtschloss und dem Orangerieschloss, mit den Jagdschlössern Fasanerie bei Eichenzell und Bieberstein bei Langenbieber sowie mit dem Propsteischloss in Fulda-Johannesberg. Mit dieser ungewöhnlichen Bautätigkeit, zu der noch eine Vielzahl von Sakralbauten mit dem Fuldaer Dom an der Spitze gehörten, meldeten die Fürstäbte ihren Anspruch auf den Bischofstitel an, den sie 1757 auch erlangten.

Eine der bedeutendsten Barockresidenzen errichteten ab 1710 die Fürsten von Waldeck in Arolsen. Sie zeichnet sich durch den Reichtum, die Qualität und den ungewöhnlich guten Erhaltungszustand der Innenausstattung aus. Eine Reihe mittlerer und kleinerer Schlossbauten des Barock wurde von den kleineren, aber reichsunmittelbaren Herrschaften in Erbach, Offenbach, Birstein, Gersfeld, Lauterbach und Schlitz errichtet.

Für die Geschichte des barocken Schlossbaus in Deutschland hat Hessen zwar keinen ganz so großen Beitrag wie Bayern, Franken und Württemberg geleistet, es ist aber mit den Schlössern und Gärten von nationaler Bedeutung in Kassel, Fulda, Arolsen und Wiesbaden-Biebrich an vierter Stelle zu nennen.

Weniger herausragend sind die Leistungen im barocken Sakralbau. Hier sind von überregionaler Bedeutung nur der Dom in Fulda, die katholische Pfarrkirche in Heusenstamm von Balthasar Neumann und die evangelische Schlosskirche in Weilburg. Der Fuldaer Barock ist in mehreren stattlichen Kirchen vertreten, unter denen die von Bad Soden-Salmünster, Hilders, Großenlüder, Reulbach und Batten wegen ihrer reichen Ausstattung hervorragen.

Eine Vielzahl evangelischer Dorfkirchen zeugt von den schweren Verwüstungen des Dreißigjährigen Krieges. Die entsetzlichen Verluste in der Bevölkerung und die Armut nach all den Plünderungen verhinderten bis in den Anfang des 18. Jahrhunderts einen Wiederaufbau. Bei den mittelalterlichen Kirchenruinen hielten nur die Türme mit ihren starken Mauern dem Verfall stand. So besteht die für Hessen typische Dorfkirche aus einem barocken Schiff mit einem mittelalterlichen Turm.

Der Verluste in der Bevölkerung betrafen offensichtlich in besonderer Weise die Künste und das Handwerk. In dieses entstandene Vakuum stießen italienische Baumeister, Stuckateure und Freskomaler, überwiegend aus Lugano in der italienischen Schweiz. Ihr Ruhm war so groß, dass der niederländische Stuckateur Jan van Paeren seinen Namen in Joannes de Paerni italienisierte, um so 1686 den Auftrag für die Stuckdecke in der Schlosskapelle von Greifenstein zu erhalten. Unter den Stuckateuren sind an erster Stelle Andreas Gallasini und dann auch Carlo Maria Pozzi mit Werken hauptsächlich in Arolsen, Fulda und Wiesbaden-Biebrich zu erwähnen. Um die Mitte des 18. Jahrhunderts rückte auch wieder der deutsche Nachwuchs mit Andreas Schwarzmann in Fulda und Peter Josef Jäger in Wiesbaden-Biebrich nach vorn. Ähnlich verhält es sich mit den Freskomalern: Carlo Ludovico Castelli wirkte in Arolsen und – in deutlich höherer Qualität – Luca Antonio

Colomba in Wiesbaden-Biebrich und Fulda; die beste Leistung jedoch wurde von dem Deutschen Johann Baptist Enderle 1775 in der katholischen Pfarrkirche von Hochheim erbracht.

Als Stilphasen gelten in Deutschland: der Frühbarock 1618–1700, entwickelt aus dem Übergang von der Renaissance in den Manierismus; der Hochbarock 1700–40 und der Spätbarock 1740–80, auch Rokoko genannt. Wegen der Folgen des Dreißigjährigen Krieges gibt es in Hessen nur wenige herausragende Werke des Frühbarock, hierzu gehören die Schlösser in Bad Wildungen-Friedrichstein (1663–78) und Bad Homburg (1680 bis 95). Beim Kirchenbau sind es für die katholische Seite die Propsteikirche von Fulda-Johannesberg (1686–91) und die Kreuzkapelle von Bad Camberg (1681–82), für die evangelische die Unionskirche in Idstein (1655–77) und die Burgkapelle von Greifenstein (1683 bis 91). In den Stuckdecken dieser Zeit herrschen nahezu vollplastische Putten und Akanthusranken vor.

Im Hochbarock ist die Anzahl bedeutender Barockbauten am größten. Hier ist das vorherrschende Motiv der jetzt weniger plastisch ausgebildeten Stuckaturen das Bandelwerk, das sich aus verschlungenen Bändern und C-förmigen Voluten zusammensetzt. Die Innenräume mit dem sehr plastischen Stuck wurden im Früh- und Hochbarock überwiegend weiß gehalten; belebt hat man sie mit farbigen, durch stark profilierte Stuckrahmen abgegrenzten Deckengemälden sowie mit Ausstattungsstücken: Altäre und Kanzeln in den Kirchen; Gemälde, hölzerne Wandvertäfelungen und kostbare, vergoldete Ledertapeten in den Schlössern.

Den Spätbarock bezeichnet man als Dekorationsstil, auch als Rokoko. Für die Architektur und den Städtebau kann man diesen Begriff nicht anwenden, es handelt sich wie beim Manierismus, Biedermeier und Jugendstil nicht um einen eigenen Stil, sondern jeweils nur um die Spätphase eines Stiles.

Vorherrschendes Motiv und Namensgeber des Rokoko ist die Rocaille. Sie trat 1736 in der Amalienburg von München-Nymphenburg erstmals auf und war bis in die 70er Jahre des 18. Jahrhunderts in Gebrauch; charakteristisch ist ihre C-Form mit einem muschelartig ausgezackten Rand an der Innenseite. Der Stuck des Rokoko war sehr leicht, elegant und spritzig; er beschränkte sich auf die Rahmen der Wandfelder, die Ecken der Volutendecken und die Mittelrosetten der nun unbemalten Decken. Die Wand- und Deckenfelder wurden farbig, davon hoben sich die Stuckaturen zunächst weiß und dann auch farbig ab. Gerahmte Spiegel, verspiegelte Fenster oder Türen sollten häufig dazu beitragen, die Räume auszuweiten. Die besten Innendekorationen des Rokoko findet man im Schloss Wilhelmsthal von Calden, im Residenzschloss von Arolsen, im Spiegelkabinett des Stadtschlosses in Fulda und im Schloss von Weiterstadt-Braunshardt.

Den Übergang zum Klassizismus ab 1780 bezeichnet man nach dem letzten französischen König Ludwig XVI. (1774–92) als Louis-seize oder auch Zopfstil, nach den in dieser Stilphase besonders beliebten, girlandenartigen Festons, deren herunterhängende Enden an den Zopf als vorherrschende Haartracht der Zeit erinnern. Das Ganze wirkte zugleich wie gepudert, denn die Farben waren sehr licht und zart. Mit dem Schreiberschen Haus in der Schloss-Straße von Arolsen besitzt Hessen das wertvollste Beispiel für den Louis-seize.

Charakteristisch für den Barock ist das Streben nach der Einheit aller Künste, wie Architektur, Plastik, Malerei und Kunstgewerbe; Musik und Literatur fanden in der Oper einen Höhepunkt. Die Grenzen zwischen den Kunstgattungen wurden dabei fließend, denn es blieb offen, ob fest mit der Wand verbundene Altäre oder Kanzeln zur Architektur oder zur Ausstattung gehörten, desgleichen verspiegelte Wandfelder oder Deckengemälde. Kennzeichnend für den Barock sind auch eine schier unerschöpflich erscheinende Phantasie und die Neigung zu verspielten Mehrdeutigkeiten: zum Beispiel das Chronogramm, bei dem man aus hervorgehobenen Buchstaben einer Inschrift, die gleichzeitig römische Ziffern bedeuten, die Jahreszahl der Entstehung addieren kann, oder Formen des Parketts, bei denen man in der Aufsicht Sterne und Sechsecke, in der Schrägsicht Würfel entdeckt, wie im westlichen Treppenhaus des Schlosses Biebrich.

Dazu gehört auch die völlig undogmatische Wahl der Mittel, um das angestrebte künstlerische Ziel zu erreichen. Der Effekt allein zählte, nicht die Echtheit der Materialien. Stuckmarmor oder Stucco lustro auf Mauerwerk, Marmorierungen auf Holz, illusionistische Malereien mit der Vortäuschung plastisch-räumlicher Formen und schließlich auch raffinierte Lichteffekte sind typische Beispiele. Der Barock ist die Zeit, in der die Menschen lernten Feste zu feiern. Selbst die Jagd auf edles Wild wurde zum festlichen Ereignis der privilegierten Hofgesellschaft. Aus Pavillons im Zentrum sternförmig angelegter Schneisen schoss man in festlicher Kleidung bei üppigem Essen und Trinken auf das Wild, das von Treibern über die Schneisen getrieben wurde. Die Kunst des Barock war in höchstem Maße kultiviert, von raschem modischem Wechsel geprägt und stets auf der Suche nach neuen sinnlichen Reizen. Als sich der abendländische Formenschatz für die Bauwerke zu erschöpfen drohte, wich man nach Asien aus. Chinesische und japanische Bauformen, Malereien und Dekorationselemente wurden einbezogen und schließlich auch gotische, die man als Zeugnisse des inhaltlich so fernen und als dunkel verschrieenen Mittelalters ähnlich exotisch empfand wie die asiatischen.

Der Barock ist die Kunst der absolutistisch herrschenden Fürsten und ihres Hofstaates aus mittlerem und niederem Adel. Das Bürgertum übernahm seine Formen, soweit es erlaubt war. Im Unterschied zu Gotik und Renaissance trug es jedoch kaum zur Entwicklung des Stils bei. Das Bürgertum hatte im 16. Jahrhundert seinen Wohlstand eingebüßt: zuerst durch Handelskrisen und endgültig durch die Verwüstungen, Plünderungen und Kontributionen im Dreißigjährigen Krieg.

Die Hanse und andere Städtebünde lösten sich auf und nur wenige Reichsstädte konnten ihre Unabhängigkeit bewahren; die meisten mittleren und kleinen Handelsstädte sanken zu Ackerbürgerstädten ab; nahezu alle gerieten unter das strenge Regiment der Landesherren. In deren Händen allein lag auch der Städtebau. Nicht mehr der Handel bürgerlicher Kaufleute war der Anlass für Stadterweiterungen oder Neugründungen, sondern der fürstliche Wille zur Anlage neuer oder zur Erweiterung bestehender Residenzen. Über die Grenzen Hessens herausragende Beispiele dafür sind die Oberneustadt in Kassel, die barocke Umgestaltung von Fulda und die Neuanlage von Arolsen.

Ein zweiter Anlass für Städtegründungen war die Aufnahme protestantischer Glaubensflüchtlinge, die man weniger aus religiöser Solidarität sondern eher wegen ihren beruflichen Qualitäten als Kaufleute und Produzenten von hochwertigen Gebrauchsgütern schätzte.

Weiterstadt-Braunshardt, Schloss

Stuckdecke im Schloss

Das zierlich wirkende, eingeschossige Schloss zeugt vom neuen Lebensgefühl des Spätbarock, des so genannten Rokoko. Nicht mehr die großen Residenzen mit ihren endlos wirkenden Raumfluchten und das ebenso aufwendige wie steife Hofzeremoniell waren das Ideal der Herrscher, sondern kleine, inmitten der Natur gelegene Lustschlösschen. Vorbild waren auch darin die absolutistisch regierenden Könige Frankreichs; die sich erst in Versailles ein gewaltiges Residenzschloss erbauen ließen, um sich dann im Park mit dem „Grand Trianon" noch unter Ludwig XIV. und danach mit dem „Petit Trianon" unter Ludwig XVI. ein eher privat anmutendes Lustschlösschen zu schaffen. Für Friedrich II. von Preußen war dies Sanssouci, für die Kurfürsten von Bayern waren es die Bauten im Park von Nymphenburg, und Prinz Georg Wilhelm zu Hessen-Darmstadt ließ sich unweit der Residenzstadt Darmstadt 1760 vom Ingenieurleutnant Johann Jacob Hill das Schloss Braunshardt bauen. Der militärische Rang eines Architekten war in jener Zeit durchaus üblich, da es auch zu seinen Aufgaben gehörte, Festungsbauten zu errichten.

Nach der Umwandlung des Großherzogtums Hessen-Darmstadt 1918 in einen Volksstaat wurde 1927 das Schloss zu einem Caritas-Heim umgebaut und dabei im Stil des Neurokoko um ein Mehrfaches seiner ursprünglichen Größe erweitert. Der Turm der dabei hinzugefügten Kirche veränderte das Erscheinungsbild entscheidend. Davon abgesehen bietet jedoch das Schlösschen vom Park aus wieder den originalen Eindruck, nachdem es in den vergangenen Jahren durch einen privaten Erwerber vorbildlich instand gesetzt wurde. Dem neuen, naturverbundenen Lebensgefühl entsprechend wohnte man nun im Erdgeschoss, das nur auf einem niedrigen Sockel ruhte, so dass man durch die drei Türen über wenige Stufen direkt in den Garten gelangte. Die Wände hielt man ganz schlicht, helle Pasteltöne waren für den Putz beliebt, die wichtigste Belebung ging von den dunkelgrün gestrichenen Fensterläden aus.

Vom 18. Jahrhundert an bevorzugte man das Mansarddach. Der Name wird von dem am Schloss von Versailles tätigen Architekten J. H. Mansart (1648–1708) abgeleitet, der es angeblich erfunden haben soll. Durch die Brechung wurde es möglich, den unteren Teil des Daches relativ steil auszubilden; so erhielten die im Dachgeschoss liegenden Zimmer für die Dienstboten – die Mansarden – nur wenig schräg gestellte Wände, und die Gauben ragten nicht allzu stark aus der Dachfläche heraus.

Gemäß barocker Bautradition wurden alle an der Gartenseite gelegenen Gemächer durch Türen miteinander verbunden, die in einer Achse so angeordnet sind, dass sich bei geöffneten Türen ein Durchblick quer durch alle Räume ergibt. Die perspektivische Verkürzung spiegelt dabei eine größere Raumflucht vor als tatsächlich vorhanden. Das Spielen mit Illusionen gehört zum Wesen der Barockarchitektur. Der in der Renaissance aufkommende Stuck wurde im Barock zum beliebtesten Gestaltungsmittel für Innenräume. Entsprechend der jeweiligen Entwicklungsphase vom Frühbarock zum Spätbarock änderte sich auch die Stuckornamentik. Im 17. Jahrhundert bevorzugte man sehr plastischen Stuck mit stark profilierten Deckenfeldern mit figurenreichen Gemälden. In der Schlussphase des Barockstils blieben die Decken weitgehend leer; nur in den Ecken und in der Raummitte fand sich Stuck, der vom Motiv der Rocaillen beherrscht wurde. Diese muschelartig, in C-Form gekrümmten Ornamente wurden sehr spritzig und asymmetrisch über die ansonsten leeren Deckenfelder verteilt. Das Ganze hielt man in lichten Farben, dadurch verstärkte man Eleganz und Spannungsreichtum.

Weiterstadt-Braunshardt, Raumflucht im Erdgeschoss des Schlosses

Fulda, Dom

Neben den Schlossbauten der zahlreichen Duodezfürsten ist für den Barock vor allem der Kirchenbau von großer Bedeutung. Hier waren die Äbte der großen Klöster und die Fürstbischöfe die wichtigsten Auftraggeber. Sie verbanden die Funktion eines geistlichen Oberhirten mit der eines Landesherrn.

Fulda hatte sich zu einem Fürstentum unter der Regentschaft eines Fürstabtes entwickelt. Dieser strebte im 18. Jahrhundert die Bischofswürde an, die 1752 auch erreicht wurde. Zur Vorbereitung dieses Anspruchs setzte ab 1700 eine rege Bautätigkeit ein, die neben dem Schloss auch die Abteikirche betraf. Die altehrwürdige karolingische Basilika war 791 bis 818 vom Mönch und späteren Abt Ratgar geschaffen worden. Angeblich befand sie sich in einem so schlechten Bauzustand, dass man sie zu großen Teilen niederlegen musste. Die technisch verwertbaren Reste bezog man in einen monumentalen Neubau ein. 1704 schloss man mit dem fränkischen Baumeister Johann Dientzenhofer den Bauvertrag ab und bereits 1712 konnte man die Weihe vornehmen. Die Innenraumgestaltung zog sich jedoch bis 1720 hin; sie blieb im Stuck des Mittelschiffs unvollendet, denn der Architekt hatte Probleme mit den Baukosten und verließ Fulda fluchtartig.

Dagegen zeigt der im Westteil gelegene Kuppelraum mit seinen Stuckaturen, Fresken und Altären, wie prachtvoll der Gesamtraum geplant war. Durch die beiden aus Lugano stammenden Italiener Luca Antonio Colomba als Maler und Giovanni Battista Artari als Stuckateur wurde eine hohe künstlerische wie auch technische Qualität erreicht.

Dientzenhofer unternahm im Auftrag seines Bauherren eine Reise nach Rom, deren Auswirkungen man heute noch beim Betreten des Innenraumes spürt. Der römische Barock in seiner Monumentalität herrscht hier vor, erkennbar auch an dem von antiken Triumphbögen abgeleiteten Arkadenmotiv aus einer mittleren halbrunden und zwei seitlichen schmalen Öffnungen. Nach dem Vorbild des Petersdomes in Rom mit seiner Ausrichtung auf das Apostelgrab im Westen lag auch in Fulda von Anfang an das Grab des großen Missionars Bonifatius im Westteil, worauf der Innenraum Bezug nimmt. Wie beim Petersdom in Rom verband Dientzenhofer einen von einer Kuppel bekrönten Zentralbau über dem Grab des Bonifatius mit einem Langhaus als Prozessionsraum. Bei der jüngsten Restaurierung stellte sich heraus, dass der Stuck keineswegs farbig abgetönt, sondern im reinen Kalkweiß ziemlich dick einmal mit der Quaste auf den Putz gestrichen war. So lebt jetzt der Dom wieder vom Kontrast der weißen Architektur zu den farbigen Fresken und Altären.

Inneres des Domes nach Westen

Inneres der Domkuppel

Als Folge der ungewöhnlichen Anordnung des Hochaltars im Westen baute man die Eingangsfassade im Osten; das war insofern sehr günstig, als sie damit der Stadt und den von dort kommenden Besuchern zugewandt war. Fulda orientierte sich an den Fürstbistümern Bamberg und Würzburg; es gelangte erst 1815 nach Auflösung der geistlichen Fürstentümer an das Kurfürstentum Hessen-Kassel – so fühlt man sich heute beim Betrachten der ungewöhnlich reich gestalteten Fassade des Doms nach Mainfranken versetzt. Die relative Schmalbrüstigkeit des Baus ergab sich aus dem Zwang, die romanischen Türme einzubeziehen, die heute noch in der barocken Ummantelung nahezu in ganzer Höhe erhalten sind.

Auch beim Ostbau gab es vor einigen Jahren einen überraschenden Farbbefund. Der Sandstein der Ostfassade mit den seitlichen Kapellen bis zu den Westkanten der Türme war rot gestrichen, die Kapitelle und Statuen weiß, die Wappen heraldisch farbig abgesetzt. Der Ostbau war also vom übrigen Bau losgelöst als Schaufassade ausgebildet, auch dies eine Eigenart des römischen Barock, bei dem man häufig zwischen Fassade und dahinter liegendem Baukörper kaum eine Verbindung entdeckt. Als Beispiele seien hier Sta. Luca e Martina am Forum, Sta. Carlo alla quattro Fontane von Borromini und Sta. Andrea al Quirinale von Bernini genannt. Auch bei der Stadtkirche St. Blasius in Fulda scheint es zwischen Fassade, Türmen und Langhaus keine gestalterische Verbindung zu geben. Wegen der Ensemble-Wirkung der ringsum in Naturstein erscheinenden Bauten hat man in Fulda auf die Wiederherstellung der originalen Farbigkeit der Ostfassade verzichtet.

Fulda, Dom von Osten

Seligenstadt, so genannte Wasserburg

Die Äbte der großen Klöster übernahmen im Zeitalter des Absolutismus die sinnenfrohe Lebensart der Fürsten. Sie bauten ihre Abteien in schlossartiger Pracht aus und schufen sich abseits dieser Repräsentationsbauten kleine Lustschlösschen.
So entstand vor den Toren von Seligenstadt in einer reizvollen Flusslandschaft inmitten von Fischteichen 1707 für den Abt ein Gartenhaus in der anspruchsvollen Gestalt einer Wasserburg. Gräben, Mauern, Zugbrücke und Ecktürmchen deuten auf den ersten Blick auf eine Miniaturfestung, es sind aber nur davon abgeleitete Zierformen für den kleinen Wohnbau auf der künstlich geschaffenen Insel. Im Festungsbau waren Eckbasteien für Geschütze vorgesehen, nun hatten sie die Funktion von Teehäuschen. Der würfelförmige Baukörper des Schlösschens erhielt durch das gebrochene, durch Aufschieblinge geschweifte Dach einen ostasiatischen Charakter. Die kräftige Quaderung der Ecken und die plastische Verdachung des Portals mit einem gebrochenen Segmentgiebel geben den Bau als Zeugnis des Hochbarock zu erkennen.

ehemalige Abteikirche von Osten

Das Benediktinerkloster Seligenstadt war 928 von Einhard, Biograf Karls des Großen, gegründet worden. Der Grundriss der Klausur entsprach mit seiner Vierflügelanlage dem üblichen Schema, das im berühmten Plan von St. Gallen überliefert worden ist. Es liegt heute noch der Anlage zu Grunde; doch sind zwei Flügel des Kreuzgangs verschwunden, und die übrigen Bauten hat man in der Zeit um 1700 barock überformt. In der so genannten Neuen Abtei oder Prälatur sind noch einige Räume in der barocken Originalgestalt erhalten geblieben. Wüsste man nicht, dass man sich im Inneren eines Klosters befindet, würde man auch den repräsentativen Saal eines Schlosses vermuten.

Innenraum der ehemaligen Abtei

Bei einer Bibliothek erwartet man Bücherregale, zu Gunsten reicher Wanddekorationen verzichtete man hier jedoch darauf. Die Bücher waren in frei stehenden Pultschreinen untergebracht, von denen nur einer – auf dem Bild sichtbar – erhalten geblieben ist. Die Spuren des Dreißigjährigen Krieges kann man bis heute an den vielen barocken Ergänzungen der damals zerstörten mittelalterlichen Kirchen und Klöster erkennen. Bei der Klosterkirche ist dies die glockenförmige barocke Haube von 1722 auf dem gotischen Vierungsturm.

Seligenstadt, so genannte Wasserburg südöstlich der Stadt

Hanau-Wilhelmsbad, Kuranlagen

Am Ende des 18. Jahrhunderts wuchs das Interesse wohlhabender Kreise an Kureinrichtungen, um die durch allzu üppiges Treiben angeschlagene Gesundheit wiederherzustellen, aber auch um den Kontakt zu den privilegierten Kreisen zu suchen. Die Grafschaft Hanau war 1736 durch Erbgang an das Landgrafentum Hessen-Kassel gelangt. Der jeweilige Erbprinz residierte als eine Art Statthalter bis zu seinem Regierungsantritt in Hanau; er hatte damit die Muße, sich mit der Einrichtung einer Kuranlage zu befassen. Anlass war die Entdeckung der Heilquelle „Guter Brunnen" im Jahr 1709.

Die heute noch vorhandene weiträumige Anlage ließ Erbprinz Wilhelm IX. durch den Architekten Ludwig von Cancrin 1772–82 errichten. Dem Zeitgeschmack entsprechend baute man sie nicht mehr als ein großes, repräsentatives Schlossgebäude, sondern aus einer Reihe pavillonartiger Häuser. Es wechseln immer langgestreckte, zurückliegende Bauten mit vorspringenden würfelförmigen ab. In der Mitte liegt das eigentliche Kurhaus, wegen der offenen Bogengänge auch Arkadenbau genannt. Westlich davon liegt der Stallbau, östlich der „Lange Bau". Die vier vorspringenden Pavillons waren von Westen nach Osten: der Judenbau, der Fürstenbau, das Badhaus und der Kavalierbau. Den Abschluss nach Osten bildet das querstehende Komödienhaus; es ist innen mit einfachen, aber reizvollen Logen versehen. Vor etwa 30 Jahren wurde es restauriert; der Hessische Rundfunk übernahm dafür einen Teil der Kosten und ließ den modernen Vorbau errichten. Heute nutzt man das Komödienhaus unter anderem für Fernsehübertragungen von Aufführungen.

Pyramide im Landschaftsgarten

Durch die vor- und zurückspringende Anordnung der gesamten Bauten entstand eine Lockerheit, die die wahre Größe der Anlage verschleiert und sie harmonisch in die Gartenlandschaft einbindet. Die ein- bis zweigeschossigen Bauten sind ganz schlicht – so strebte es der Zeitgeist am Ausgang des Barock an und bereitete damit den Boden für den nahen Klassizismus. Die Wirkung der Baukörper beruht auf den harmonischen Proportionen, den lichten Farben, den Sprossenfenstern und den Klappläden, die zu einem wichtigen Gestaltungselement wurden. Nördlich der Baureihe liegt die Bergküche mit einem Eiskeller, weiter nordöstlich eine Eremitage.

Zur Kuranlage gehört ein im Süden anschließender Landschaftsgarten, wie er seit der Mitte des 18. Jahrhunderts in England entwickelt worden war. Er geht nahtlos in den umgebenden Wald über. Der französische Kunstgarten hatte schnurgerade Wege, abgezirkelte Rabatten und kugelförmig beschnittene Bäumen. An seine Stelle trat nun der natürlicher wirkende englische Landschaftspark mit sich schlängelnden Wege, malerisch komponierten Baumgruppen und künstlich geschaffenen, doch natürlich wirkenden Gewässern. Die Natur wurde zwar zum direkten Vorbild gewählt, man hat jedoch künstlerisch überhöht. Dazu gehören auch die malerisch eingestreuten Bauten: der Brunnentempel, der Musiktempel und die Teufelsbrücke, eine Kettenkonstruktion über einer künstlich geschaffenen Schlucht.

Ganz nach dem sentimentalen Geschmack der Zeit waren künstliche Ruinen. In Wilhelmsbad finden wir sie in Gestalt des „Alten Turms", einer Burgruine im Stil gotischer Turmburgen Englands. Nicht die eigentliche Schlossanlage, sondern diese künstliche Ruine diente dem Erbprinzen als Wohnung. Im Gegensatz zum malerisch-rustikalen Äußeren ist das Innere elegant mit klassizistischem Dekor ausgestattet, vor allem der Kuppelsaal. Die Ahnenbilder schuf der landgräfliche Hofmaler Anton Wilhelm Tischbein. Für die

Hanau-Wilhelmsbad, Bauten der Kuranlagen von Süden

Stuckaturen waren italienische Künstler engagiert worden.
Auf einer künstlich angelegten Insel erhebt sich die kleine Pyramide. Sie wurde 1784 vom Erbprinzen eigenhändig für die Urne mit dem Herzen seines jung verstorbenen Sohnes entworfen. Die Pyramide wurde im späten 18. Jahrhundert häufig als Grabstätte verwandt, zum Beispiel für Prinz Heinrich von Preußen, den Bruder Friedrichs des Großen in Rheinsberg. Das Karussell diente der Kurzweil einer von Langeweile geplagten Gesellschaft; es erschien reizvoll und neu, auf hölzernen Pferden zu reiten, die von einer ausgetüftelten Mechanik in Bewegung versetzt wurden. Von einem künstlich aufgeworfenen Hügel am Ostrand kann man die Gartenanlage überblicken.

Fulda, Residenzschloss

Nachdem die Äbte des Benediktinerklosters Fulda durch den großen Landbesitz und ihre unmittelbare Unterstellung unter Papst und Kaiser zu Reichsfürsten geworden waren, verließen sie die Klausur und erbauten sich nach 1294 auf einer Anhöhe zwischen Kloster und Stadt eine Burg. Die benötigten sie auch dringend gegen die aufmüpfigen Bürger, denn diese forderten dieselben Privilegien wie andere Städte sie ihren Landesherren abgerungen hatten. So kam es 1331–32 zu blutigen Kämpfen und Verwüstungen. Am Ende siegte der Fürstabt und er regierte die Bürger von nun an wie ein absolutistischer Landesherr.

Die unwirtliche, auf Verteidigung angelegte Abtsburg wurde 1607–12 zu einem wohnlicheren Renaissance-Schloss umgebaut. Aus diesem wiederum entstand durch Umbau und durch eine wesentliche Erweiterung 1707–34 nach Entwürfen von Johann Dientzenhofer eine weitläufige Anlage: mit einem Ehrenhof, dem dahinter gelegenen Innenhof und rückwärtigen Wirtschaftsbauten mit der heute als Theater genutzten Reithalle. Wie der Dom wird auch das Residenzschloss von der für das Gebiet des heutigen Landes Hessen ungewöhnlichen Pracht des mainfränkischen Barock geprägt.

Nach der Auflösung der geistlichen Fürstentümer 1803 wurde Fulda 1815 dem Kurfürstentum Hessen-Kassel zugeschlagen. Als die Kurfürsten nach der Okkupation durch Preußen 1866 die Regentschaft verloren hatten, verkauften sie das Residenzschloss in Fulda an die Stadt, die es seither als Rathaus nutzt. Im Südflügel des Ehrenhofes wurde vor drei Jahrzehnten eine ganze Flucht barocker Repräsentationsräume wiederhergestellt. Dabei mussten die inzwischen teilweise beseitigten Wanddekorationen ergänzt werden. Da die Kurfürsten vor dem Verkauf an die Stadt die bewegliche Ausstattung behalten und zum Schloss Fasanerie bei Fulda gebracht hatten, wurden Möbel und Supraporte nach diesen Originalen kopiert. Anders verhält es sich mit dem am südlichen Ende gelegenen Spiegelkabinett. Es war 1895 auch ausgebaut und in diesem Fall in das Schloss Philippsruhe nach Hanau verbracht worden. Die Stadt Fulda kaufte es zurück und brachte es an seinen originalen Standort. Nur hier kann es seinen ursprünglichen Sinn erfüllen: In seinen raffiniert angeordneten unzähligen großen und kleinen Spiegeln sollen nach dem Wunsch des Fürstbischofs Adalbert von Walderdorff die Bauten des Barockviertels erscheinen, also Dom, Peterskirche, Paulustor und die Palais der Domherren. Gemischt mit gemalten Landschaften und beleuchtet von vielen Kerzen entsteht eine Stimmung, in der Wirklichkeit und Scheinwelt nicht mehr zu trennen sind.

Im Hauptflügel des Schlosses sind weitere barocke Räume erhalten geblieben. Im Erdgeschoss liegt an der Gartenseite der Kaisersaal. Er ist nach barocker Tradition als Gartensaal (sala terrena) ganz in Stein und Stuck und mit Gewölben ausgeführt, um an heißen Tagen Kühle zu spenden. Die Entwürfe schufen Maximilian von Welsch und Andreas Gallasini. Gallasini kam als Stuckateur aus Aragno bei Lugano; er wirkte unter Julius Ludwig Rothweil am Residenzschloss in Arolsen und schwang sich in Fulda zum Architekten und Hofbaumeister auf. Er arbeitete auch an den Stuckaturen des Gartensaals, hier zusammen mit Andreas Schwarzmann und Carlo Maria Pozzi.

Ein geräumiges Treppenhaus führt in den Fürstensaal. Es ist der eigentliche Festsaal, der sich in Fulda abweichend vom barocken Hofzeremoniell nicht im ersten, sondern im zweiten Obergeschoss befindet. Wahrscheinlich lag hier schon der Rittersaal der gotischen Burg, der bei den Palasbauten des Mittelalters stets das zweite Obergeschoss einnahm.

Der Renaissancebau übernahm diese Anordnung, und von ihm wiederum der Barockbau. Die breit gelagerte, flache Raumform wirkt für einen Barocksaal ungewöhnlich drückend, was durch die schwere Stuckdecke noch verstärkt wird.

Im Schloss befindet sich noch eine der heiligen Katharina geweihte Kapelle mit barockem Stuck und Altar. Sie dient heute dem Magistrat als Sitzungssaal.

Fulda, ehemaliges Residenzschloss der Fürstbischöfe, Spiegelkabinett und anschließende Raumflucht nach Norden

Kassel-Wilhelmshöhe, Berggarten

Im Gegensatz zum französischen Garten, der die Ebene bevorzugte und notfalls künstlich durch aufwendige Planierarbeiten Hügel schuf, bezog der italienische Barockgarten Berghänge in seine Gestaltung ein. Beispiele finden wir bei der Villa Aldobrandini von Frascati unweit von Rom, im Giadino di Boboli beim Palazzo Pitti in Florenz oder in Colodi zwischen Florenz und Pisa. Zu den seltenen Beispielen außerhalb Italiens gehört der Berggarten in Kassel-Wilhelmshöhe. Der Bauherr Landgraf Karl (1670/77–1730) hatte sich 1699–1700 bei einer Italienreise eigene Kenntnisse über italienische Berggärten verschafft. Zur Ausführung der grandiosen Anlage berief er 1701 den italienischen Architekten Giovanni Francesco Guerniero nach Kassel.

Hauptmotiv ist eine Kaskadenfolge, bekrönt durch das 63 m hohe Riesenschloss mit der 9,20 m hohen Kolossalstatue des Herkules. Das als Zentralbau ausgebildete Oktogon wurde ohne jeden praktischen Nutzen erbaut, es ist unbewohnbar und eignet sich in seiner zugigen Höhenlage noch nicht einmal zum Feiern von Festen. Dahinter steht einzig und allein der kühne Gedanke, Landschaft und Architektur zu einem Gesamtkunstwerk zu vereinen – heute fühlt man sich fast an moderne Bestrebungen der „landart" erinnert. Das über die zahlreichen Stufen der Kaskaden herabrauschende Wasser sollte bis an das Schloss heranführen, es konnte jedoch nur etwa ein Drittel der gigantischen Anlage ausgeführt werden. Die Kolossalstatue des Herkules schuf Johann Jacob Anthoni aus Augsburg aus getriebenen Kupferplatten, für deren Herstellung Landgraf Karl den Messinghof in Kassel-Bettenhausen anlegen ließ. Das Hammerwerk zur Formung der gegossenen Platten wurde über Mühlräder von einem Bach getrieben. Vorbild für die Gestalt der Kolossalfigur war die antike Statue des so genannten farnesischen Herkules. Noch vor Abschluss der Bauarbeiten zum Riesenschloss kam es auf Grund von Hohlräumen im felsigen Untergrund zu statischen Problemen – das zwang Guerniero zum überhasteten Verlassen des Landgrafentums. Noch in unserer Zeit musste die Verwaltung der staatlichen Schlösser und Gärten Kosten in Höhe von mehreren Millionen DM zur Verfestigung des bröckelnden Untergrunds aufwenden.

Die zentrale Achse des Berggartens setzt sich vom Riesenschloss fort über die Kaskaden, die Große Fontäne im Gartenparterre, die einstige Kuppel des Schlosses und schließlich über die Wilhelmshöher Allee bis in das Tal der Fulda. Sie gliedert also deutlich die Landschaft, die bis weit ins Fuldatal von der Gestalt des Herkules beherrscht wird.

Wie die meisten barocken Gärten wurde auch der von Wilhelmshöhe in einen englischen Landschaftsgarten umgestaltet. Man begann damit für Deutschland relativ früh unter dem Landgrafen Friedrich II. (1760–85) und setzte es unter dem Kurfürsten Wilhelm I. fort. Das Riesenschloss und die zentrale Achse der Kaskaden behielt man bei, gab aber im Übrigen jede Symmetrie auf, zu Gunsten einer malerischen, natürlich erscheinenden Landschaft mit Baumgruppen, Brücken über Sturzbächen, Grotten, Tempeln, einer Pyramide und Statuen.

Kurfürst Wilhelm I. hatte noch als Erbprinz in Hanau-Wilhelmsbad einen Landschaftsgarten nach englischen Vorbildern anlegen und für sich als Wohnung eine künstliche Ruine erbauen lassen. Nachdem er die Regierung übernommen hatte, beauftragte er den klassizistischen Architekten Jussow mit dem Bau der Löwenburg, einer weitläufigen künstlichen Ruine im Stil einer mittelalterlichen Wasserburg.

Teufelsbrücke im Berggarten

Kaskade und Riesenschloss mit Herkules im Berggarten

Kassel-Wilhelmshöhe, Aquädukt und Wasserfälle im Berggarten

Kassel, Orangerieschloss in der Karlsaue

Das eigentliche Residenzschloss lag in Kassel am Rand der Stadt an der Stelle des heutigen Regierungspräsidiums. Das unter König Jérôme von Westfalen, dem Bruder Napoleons, abgebrannte Renaissance-Schloss war zwar innen prachtvoll ausgestattet und hatte auch große Säle – zu Beginn des 18. Jahrhunderts war es jedoch nicht mehr modern und für große Feste des Barock nur bedingt zu verwenden. Wegen des begrenzten Raums innerhalb der Festung gab es beim Schloss nur kleine Kräutergärten. Die eigentlichen gärtnerischen Anlagen waren schon unter Landgraf Wilhelm IV. (1567–92) ein gutes Stück vom Schloss entfernt in der tiefer gelegenen, von zwei Armen der Fulda umflossenen Karlsaue angelegt worden. Das Gelände wurde von einer 1568 erbauten Brücke erschlossen. Bereits 1570 errichtete man darauf ein Lust- und Badehaus, und 1578 ein Pomeranzenhaus, eine Meierei und ein Schützenhaus. Dennoch reichte es von der Größe und Ausstattung her für die beliebten Lustbarkeiten des Barock mit Feuerwerken, Balletten, Theateraufführungen und Kahnfahrten nicht aus. So veranlasste Landgraf Karl (1670/77–1730) eine großzügige Neugestaltung und Erweiterung zu einem weitläufigen Lustgarten nach französischer Manier. Eine Wasserkunst wurde 1697 erwähnt, sie war technische Voraussetzung für den Betrieb von Fontänen und Springbrunnen. Die Schriftquellen vermerken Gartenarbeiten für die Jahre 1702 und 1703, ferner den Kauf weiterer Flurstücke. Die Vergrößerung des Gartens im sumpfigen Ufergelände wurde nur möglich durch die Regulierung der Fulda mit einer weitgehenden Veränderung der Kleinen Fulda. Mittelpunkt des 1729 vollendeten Gartens ist ein großes Bassin, das man im Barock symmetrisch mit ornamental geschwungenen Buchten formte. Im 19. Jahrhundert wurde der barocke Park in einen englischen Landschaftsgarten umgestaltet.

Ab 1700 entstanden von unbekannten Verfassern Pläne für den Neubau einer Orangerieanlage, zum Teil als phantastische Gebilde, bei denen das Schloss das Monogramm des Landgrafen als Grundriss hatte. Ab 1702 begannen die Bauarbeiten, zunächst für einen eingeschossigen Mittelbau mit angrenzenden eingeschossigen, flachgedeckten Seitenflügeln von sechs Achsen. Dann erfolgte 1704 eine Planänderung, vielleicht durch den Architekten Paul du Ry, eventuell auch durch Giovanni Francesco Guerniero. Der Mittelbau wurde nun für den Apollosaal im ersten Obergeschoss aufgestockt, die Seitenflügel auf 13 Achsen verlängert und nach außen durch je einen zweigeschossigen Eckpavillon abgeschlossen. Mit dem Rohbau war man 1707 fertig, mit dem Innenausbau 1710.

Leider wurde das Orangerieschloss 1943 von Bomben schwer getroffen. Bis 1981 baute man es wieder auf: außen unverändert und innen modern für Zwecke der Dokumenta.

Die kugelförmig beschnittenen Bäumchen in den Kübeln deuten auf den eigentlichen Zweck der Orangerie hin: Gewächse aus südlichen Ländern sollten heil über den Winter gebracht werden. Wollte man in früherer Zeit Südfrüchte wie Zitronen oder Apfelsinen genießen, musste man sie anbauen, denn die langen Transportwege aus dem Süden ließen die Früchte unterwegs verderben. Beliebt waren auch Ziergewächse wie Oleander, Kamelien, Lorbeer und andere frostempfindliche Sträucher. Über die reine Zweckmäßigkeit zur Überwinterung der Kübelpflanzen entwickelten sich die im Sommer ungenutzten Räume der Orangerien bald zu Festsälen; sie erschienen in hier Kassel wie in Weilburg und Fulda als mittelgroße Schlossbauten.

Westlich des Orangerieschlosses steht frei ein weiterer Pavillon, der den kostbarsten Teil der gesamten Anlage enthält: das Marmorbad. Das Bedürfnis nach Körperpflege war in jener Zeit weniger ausgeprägt als das Bedürfnis nach repräsentativer Kunst. So entstand kein praktisch nutzbarer Baderaum, sondern nach dem Entwurf eines bis heute unbekannt gebliebenen Architekten 1722–28 ein anspruchsvoller Rahmen für die bereits 1692 aus Rom beschafften Marmorbildwerke von Pierre Etienne Monnot. Diese haben mythologische Szenen der Antike zum Inhalt. Reliefbildnisse des Landgrafen und seiner Gemahlin weisen auf den Ruhm des Bauherren hin.

Kassel, Teilansicht des Orangerieschlosses in der Karlsaue

Bad Sooden-Allendorf, Haus Eschstruth, Kirchstraße 59

Das Gebiet des heutigen Hessen hatte wegen der Erbstreitigkeiten zwischen Hessen-Kassel und Hessen-Darmstadt besonders unter dem Dreißigjährigen Krieg zu leiden. So brannten die Kroaten1637 Sooden-Allendorf völlig nieder. Doch war der vom Salzgewinn ausgehende Wohlstand so groß, dass man wenige Jahre danach mit dem Neuaufbau der Häuser beginnen konnte. Dies erfolgte auf dem Grundriss der mittelalterlichen Stadt, einer zunächst gewachsenen, dann ab 1212 planmäßig angelegten

Portal des Hauses Eschstruth

Gründung durch die Landgrafen von Thüringen. Sie ist, wie im Mittelalter üblich, nach den Gilden und Zünften ständisch geordnet, was in den Straßennamen der Schuster-, Weber- und Ackerstraße noch heute zum Ausdruck kommt. Nur die heutige Kirchstraße hat ihren ursprünglichen Namen Söderstraße verloren, genannt nach den hier ansässigen Salzsiedern. Da auch die mittelalterliche Stadt ganz aus Fachwerk bestanden hatte, gab es nur noch die Ruinen der wenigen Steinbauten: der Stadtkirche, des Burgsitzes der Herren von Bischhausen und der Hospitalkapelle.

Man hätte annehmen können, dass man sich im Zeitalter des Frühbarock für eine Neugestaltung auf einem symmetrischen Grundriss mit breiteren Straßen und weiträumigen Plätzen entschieden hätte. Stattdessen wurde die zünftische Ordnung der Straßen beibehalten, bei der die reichen Salzsieder in der Kirchstraße, die Ackerbürger in der Ackerstraße und die Handwerker in der Weber- oder Schusterstraße wohnten. Maßgeblich für den Wiederaufbau auf den ursprünglichen, schmalen Parzellen an den unverändert engen Straßen waren die Eigentumsverhältnisse; sie wurden auch in anderen Städten – wie zum Beispiel in Stade bei einer ähnlich großen Brandkatastrophe 1659 – zum bewahrenden Element im Städtebau.

Groß war nach der Brandschatzung von Bad Sooden-Allendorf der Bedarf an Bauholz; so griff man zu stark in den Waldbestand ein, und der Landgraf sah sich gezwungen, Beschränkungen beim Fällen von Eichen zu erlassen. Die reichen Salzsieder sollen daraufhin Fachwerkhäuser in der Umgebung bis nach Thüringen hinein aufgekauft und nach Sooden-Allendorf versetzt haben.

Das 1642–44 erbaute Fachwerkhaus Eschstruth ist jedoch ein völliger Neubau an dieser Stelle. Die Formen für sein reich verziertes Portal wurden dem Steinbau entlehnt. Darauf deuten die Säulen mit gewundenem Weinlaub wie auch der Dreiecksgiebel mit der geschwungenen Verdachung.

Innerhalb des Stadtmauerrings ist Bad Sooden-Allendorf eine der am besten erhaltenen Fachwerkstädte Deutschlands ohne die sonst üblichen, entstellenden Neubauten und Werbeeinrichtungen. In den durchgehenden Fensterbändern der Geschosse und Zwerchhäuser wie auch in den durchlaufenden Schmuckformen unter den Fensterbrüstungen wird der Einfluss des thüringischen Fachwerks erkennbar.

Das Haus Eschstruth ragt unter den Nachbarhäusern nicht nur durch seine Größe hervor, sondern auch durch den Formenreichtum der Ornamentik und durch den reizvollen Erker mit dem geschweiften Doppelgiebel.

Bad Sooden-Allendorf, Haus Eschstruth, Kirchstraße 59

Wiesbaden, Schloss Biebrich

Schloss Biebrich wirkt vom Rhein aus sehr viel monumentaler als von der Gartenseite. Das liegt an seiner Lage an der künstlich aufgeschütteten Böschung, die sich aus der Anlage des barocken Parterres für den französischen Garten ergeben hatte. So hat das Schloss zum Rhein hin ein Geschoss mehr als zum Garten, an dem höchst ungewöhnlich der Ehrenhof mit der Anfahrt und den Eingängen liegt. Durch seinen rotweißen Anstrich wirkt das Schloss wie aus einem Guss. Es entstand jedoch über einen Zeitraum von mehr als einem halben Jahrhundert in drei ganz verschiedenen Planungsphasen von drei Baumeistern.

Rheinseite von Schloss Biebrich

Zunächst schuf Fürst Georg August Samuel von Nassau-Idstein für seine Gemahlin und sich ab 1700 an der Böschung des Rheinufers im Abstand von 86 m je einen frei stehenden Gartenpavillon.
Architekten waren Johann Weid aus Mainz, Julius Ludwig Rothweil und vielleicht auch Paul du Ry aus Kassel.
Als der Wunsch entstand, aus den fürstlichen Gartenhäusern ein Lustschloss für große Feste zu machen, setzte Maximilian von Welsch ab 1707 einen Rundbau – eine so genannte Rotunde – genau in die Mitte zwischen die beiden bestehenden Pavillons und verband sie durch zunächst eingeschossige, flach gedeckte Galerien miteinander. Er umschloss weiterhin den Garten mit seitlichen Balustraden und einer Orangerie im Norden. Die Orangerie wurde jedoch schon 1741 zur Verlängerung des Parks wieder abgebrochen. In dieser Phase seiner Entwicklung glich das Schloss entfernt dem Zwinger in Dresden – hauptsächlich in der Funktion als Stätte großer barocker Feste, deren Inszenierungen die hohen Herrschaften von den Terrassendächern der Galerien aus besonders gut beobachten konnten, desgleichen alle Attraktionen auf dem Rhein.
Noch zu Lebzeiten des Fürsten Georg August Samuel musste Maximilian von Welsch 1718 die Galerien um ein Geschoss erhöhen, um weiteren Raum für die Festlichkeiten zu gewinnen. Nach dem Tod des Fürsten 1721 blieb jedoch der Innenausbau unvollendet.
Die dritte Entwicklungsphase wurde 1734 durch den Wunsch des Fürsten Karl von Nassau nach Verlegung der ständigen Residenz von Usingen nach Biebrich ausgelöst. Das Fürstentum sollte von Biebrich aus regiert und verwaltet werden, deshalb wurden Räume für den Hofstaat und für das repräsentative, ständige Wohnen der fürstlichen Familie benötigt. Der nassauische Hofbaumeister Friedrich Joachim Stengel fügte 1734–37 an das Schloss den Ostflügel an. Das Untergeschoss war für die Pferde vorgesehen, und die oberen Galerien wurden für die Hofbeamten in Einzelzimmer unterteilt. Für die Residenz des Fürstenpaares erbaute Stengel 1742–44 den Westflügel, den man „Neues Schloss“ oder „Winterbau“ nannte. Die zweite Bezeichnung verweist darauf, dass jetzt das Schloss endlich auch im Winter bewohnt werden konnte; man konnte es heizen, und zwar durch Kachelöfen, die von den Gängen aus bedient wurden; so mussten die Herrschaften nicht von den Dienern gestört werden, die das Holz nachlegten.
Als letzter Bauteil wurde 1826–27 durch den Hofbaumeister Friedrich-Ludwig Schrumpf die geschwungene Freitreppe an die Rheinseite der Rotunde gefügt. Nach der langen Bauzeit von rund 125 Jahren war dennoch ein planvoll angelegt wirkender Baukomplex entstanden. In den Einzelformen hat jeder Baumeister den Geschmack seiner Zeit angewandt, in den Großformen passte er sich jedoch so geschickt dem Vorhandenen an, dass über alle Planwechsel hinweg ein einheitliches Kunstwerk entstehen konnte. Herzstück des gesamten Schlosses ist die Rotunde, ein prachtvoller Festsaal auf kreisförmigem Grundriss und überdeckt von einer halbkugeligen, auf acht Säulen ruhenden Kuppel mit Oberlicht. Vorbild für diese Raumform ist das antike Pantheon in Rom, es regte Maximilian von Welsch im Umweg über Schlossbauten in Wien zu seiner großartigen Raumschöpfung an. Die freistehenden Säulen sind aus einheimischem Lahn-Marmor. Das seit 1980 wieder sichtbare Deckengemälde des italienischen Freskenmalers Luca Andrea

Detail des Kuppelgemäldes

Colomba gibt die Aufnahme des Äneas, Held der trojanischen Sage, in die Götterweit des Olymp wieder.
Die Galerien schwangen einst elegant um die Säulen herum. Sie wurden 1826 in der heutigen klassizistischen Gestalt erneuert. Gleichzeitig ersetzte man auch den Marmorfußboden durch Parkett, und man entfernte die einst auf den Gesimsen stehenden Vasen und balancierenden Putten sowie jene lebensgroße, auf einem Adler reitende Statue des Zeus, denn sie erschienen der Herzogin Pauline zu unzüchtig. Auf diese Weise wurde der einst viel stärker barock wirkende Raum zu klassizistischer Strenge abgemildert; er weicht damit noch mehr von den heiter beschwingten Festsälen des süddeutschen Barock ab als die ursprüngliche Version des Maximilian von Welsch durch den Einfluss des monumentalen römischen Barock.

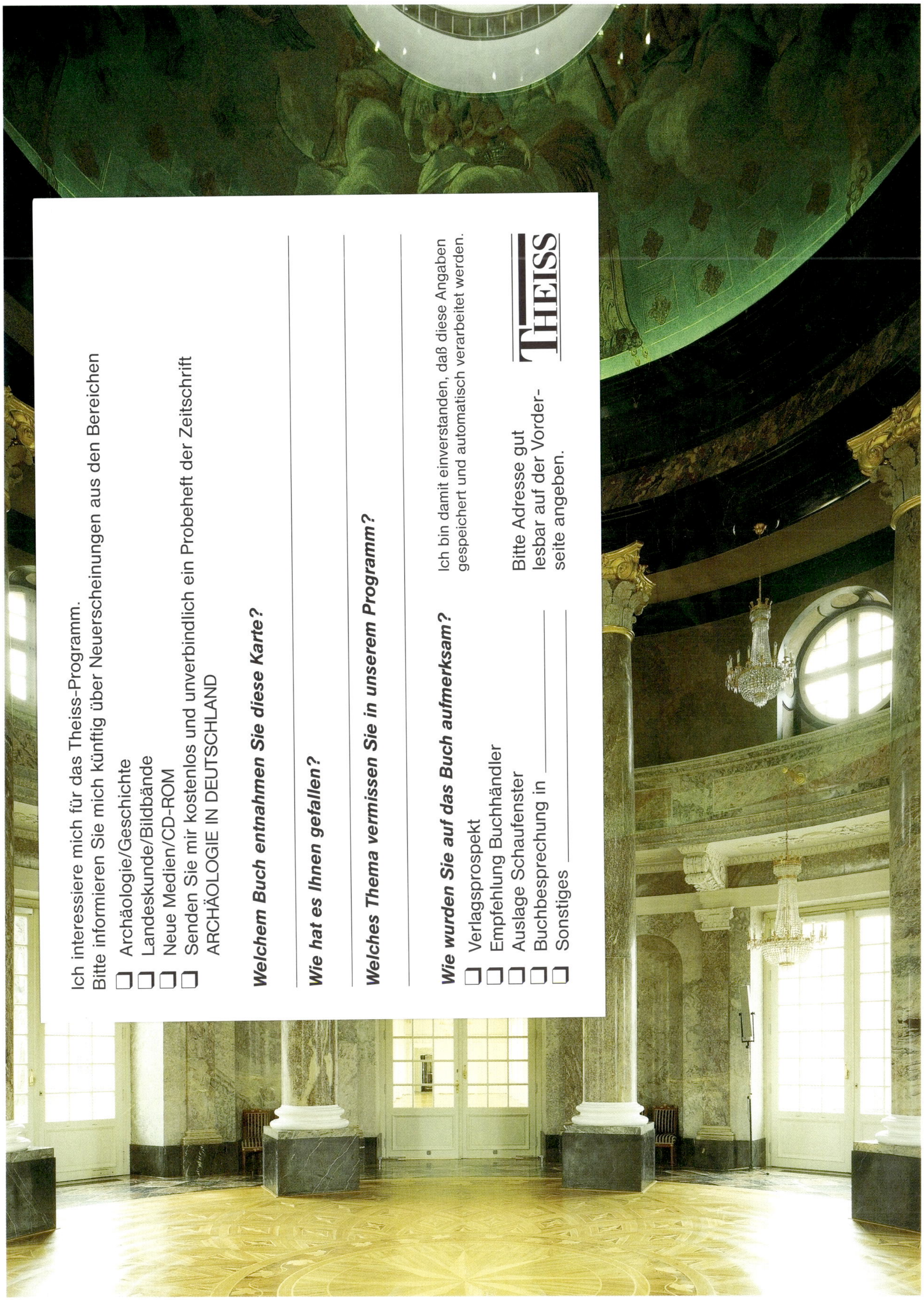

Wiesbaden, Festsaal in der Rotunde des Schlosses Biebrich

Klassizismus

Als Klassizismus bezeichnet man in der Kunstgeschichte den Zeitabschnitt zwischen der Französischen Revolution 1789 und dem Beginn des romantischen Historismus oder Biedermeier um 1825–30. Die meisten Kunstbetrachter werten ihn als einen eigenen Stil, wofür allerdings der Zeitraum von knapp 40 Jahren im Vergleich zur Romanik von mehr als 400, zur Gotik von 300, der Renaissance in Deutschland von rund 100 und dem Barock von 150 Jahren sehr kurz wäre. Auch muss er mehr als eine Stilhaltung angesehen werden, denn er tritt bereits als augusteischer Klassizismus um Christi Geburt in der römischen Antike auf; als Neoklassizismus erscheint er erneut um 1870 sowie zur Zeit des Ersten Weltkriegs und in den 30er Jahren in der Architektur des Dritten Reiches.

In Wirklichkeit ist es kein eigener Stil, sondern die erste Phase des Historismus. Man machte überwiegend Werke der griechischen und römischen Antike zum Vorbild für das eigene Kunstschaffen, erst später auch die Romanik und die Gotik, die Renaissance und schließlich den in dieser Baustilphase so verhassten Barock. Die wichtigste Motivation des Klassizismus war die Auflehnung gegen die sinnenfrohe, üppige Kunst des Absolutismus, die politisch und zugleich künstlerisch mit der Französischen Revolution endete. Zwar bezeichnet man die erste Phase des Klassizismus auch als Revolutionsarchitektur, jedoch entstanden die Werke ihrer bedeutendsten Vertreter Etienne Louis Boullee und Claude-Nicolas Ledoux bereits vor dem 14. Juli 1789.

Wie in keiner anderen Epoche zuvor wurde der Klassizismus außerdem literarisch vorbereitet, so von Johann Joachim Winkelmann (1717–68), dessen Erstlingsschrift „Gedanken über die Nachahmung der griechischen Werke“ bereits 1755 erschien. Zuvor hatte der Architekt Friedrich August Krubsacius 1747 in seinem Aufsatz „Betrachtungen über den wahren Geschmack der Alten in der Baukunst“ geschwungene Giebel, Risalite und gebrochene Dächer verworfen, also jenen Formenapparat, der zur selben Zeit noch mit dem Bau von Sanssouci in Potsdam oder der Residenz in Würzburg angewendet wurde.

Im Griechenland des perikleischen Athen und seiner Kunst sah man das Vorbild für republikanische Lebensformen, für ein „schlichtes reines Wesen und die Absage an alles Gemeine und Selbstsüchtige“, das Motto der Zeit war „Stille Einfalt und edle Größe“.

Da Griechenland noch unter der Herrschaft der Türken stand und nur begrenzt zugänglich war, orientierte man sich am Palladianismus von England. Dort war bereits 1762 von den Architekten Stuart und Revett das Buch über die „Altertümer von Athen“ veröffentlicht worden. In England gab es nie jenen aufwendigen Barock Südeuropas und Süddeutschlands als Ausdruck fürstlicher Selbstdarstellung im Absolutismus. Man nahm sich bereits im frühen 17. Jahrhundert die Werke des italienischen Architekten Andrea Palladio (1508–80) zum Vorbild, dessen Bauwerke und Publikationen Vorläufer des Klassizismus waren. Berühmt sind die Villa Rotonda, die Basilika und das Theatro Olimpico in Vicenza sowie die Kirchen Sta. Giorgio Maggiore und Il Redentore in Venedig, erbaut im Zeitraum zwischen 1550 und 1580. Großen Einfluss hatten auch seine Bücher „La Antichita di Roma“ (Die Altertümer von Rom) von 1554 und „Quattro Libri dell' Architettura“ (Vier Bücher der Architektur) von 1570.

Zum ersten Vertreter des Palladianismus in England wurde ein Zeitgenosse Shakespeares: der Maler Inigo Jones (1573–1652), der noch mit dieser Berufsbezeichnung 1603 erstmals nach Italien reiste und sich danach Architekt nannte. Er hielt sich 1613 für neunzehn Monate erneut in Italien auf. Als glühender Verehrer Palladios kehrte er nach England zurück. Er wurde 1615 Inspektor der königlichen Bauten von England und errichtete 1616 bis 35 das Queens House in Greenwich, mit dessen Bauformen er den bis dahin herrschenden Jacobean Style – eine Mischung von Formen deutscher Renaissance mit solchen der Neugotik – beendete. Der schlichte, flach gedeckte Baukörper war für seine Zeit revolutionär und hatte deshalb nicht sofort Nachfolger.

Zur eigentlichen Blütezeit des Palladianismus wurde das 18. Jahrhundert mit Werken wie dem Chiswick House in London – um 1720 von Richard Boyle –, das seine Herkunft von Palladios Villa Rotonda auf den ersten Blick zu erkennen gibt. Als weitere Beispiele sind William Kent mit dem Gebäude der Horse Guards in London von 1750 bis 58 und John Wood d. Ä. mit seinem Schloss Prior Park bei Bath von 1735 bis 45 zu nennen. Besonders Schloss Prior Park war für die Entwicklung des Klassizismus von entscheidender Bedeutung und diente als Vorbild für Schloss Wörlitz, erbaut 1769–73 von Friedrich Wilhelm von Erdmannsdorff (1736–1800). Dieser stand im Dienst des sehr kunstsinnigen Fürsten Leopold von Anhalt-Dessau; er reiste 1763 nach England und gestaltete schon 1768 den Festsaal des Dessauer Schlosses im Stil des Frühklassizismus.

In Wörlitz entstand ab 1765 auch einer der ersten Landschaftsgärten auf deutschem Boden. Vorbild dafür war ebenfalls England; dort entwickelte sich bereits um die Mitte des 18. Jahrhunderts eine naturnahe Form mit Schöpfungen von William Kent und Capability Brown, die danach Englischer Garten genannt wurde. Der Französische Garten war ein Kunstprodukt mit geometrischen Rabatten, kunstvoll beschnittenen Bäumen und Hecken sowie schnurgeradem Wegenetz. Im Gegensatz dazu folgte der englische Landschaftsgarten den natürlichen Schönheiten der Landschaft, wie sie in Süd-England – unter anderem in der Grafschaft Kent – mit hügeligen Wiesen, großen alten Bäumen und sich schlängelnden Wegen und Bächen vorgegeben war. Der englische Landschaftsgarten verdichtete und überhöhte die natürliche Schönheit der Landschaft, unter anderem durch das Komponieren von Baumgruppen mit unterschiedlich gefärbtem Laub um ein

Wiesental, durch die künstliche Anlage von Bächen und Teichen sowie das Einstreuen von kleinen Bauwerken wie Rundtempeln, künstlichen Ruinen und Pyramiden. Grundlage für diese Naturbegeisterung waren die englische Landschaftsmalerei des 18. Jahrhunderts und eine Schwärmerei für die Natur in der Literatur als Folge der ersten negativen Auswirkungen der Industrialisierung.

In Hessen veranlasste als Erster Erbprinz Wilhelm ab 1772 in Wilhelmsbad bei Hanau die Anlage eines englischen Landschaftsgartens. Kaum war er 1785 zum Landgrafen Wilhelm IX. – ab 1803 Kurfürst Wilhelm I. – geworden, ließ er den barocken Berggarten von Kassel-Wilhelmshöhe zum englischen Landschaftsgarten umgestalten. Ab 1786 wurden dort zunächst die Seitenflügel des Schlosses durch Simon Louis du Ry sowie der Mittelbau 1791–98 durch Heinrich Christoph Jussow errichtet. Auch dabei war der englische Palladianismus das Vorbild und dadurch wurde Schloss Wilhelmshöhe nach Wörlitz zum zweitältesten Bau des Frühklassizismus in Deutschland.

Diese hoffnungsvollen Ansätze des Klassizismus in Deutschland wurden durch die Französische Revolution und in ihrer Folge durch die Koalitionskriege 1789–1803 sowie die deutschen Befreiungskriege 1813–15 gestört. In diesem Zeitraum konnte in Deutschland nur wenig gebaut werden. Auch danach brauchten die einzelnen Staaten unterschiedlich lange Phasen der wirtschaftlichen Erholung.

Der Wiener Kongress begrenzte zwar die Kleinstaaterei durch die Schaffung größerer Fürstentümer, doch diese gingen dadurch gestärkt hervor, und ihre Residenzstädte wurden zu Zentren der Baukunst. Sie entwickelten sich später zu Industrieschwerpunkten und wurden deshalb im Zweiten Weltkrieg Ziel alliierter Luftangriffe, denen in Kassel, Frankfurt, Wiesbaden und Darmstadt eine Reihe bedeutender Bauwerke des Klassizismus zum Opfer fielen.

Durch die Kürze der Stilphase des Klassizismus, die kriegerischen Unruhen der Zeit und die Verluste des Zweiten Weltkriegs haben klassizistische Bauten in Hessen Seltenheitswert. Die Architekten standen im Zeitalter des Klassizismus überwiegend noch in den Diensten der Landesherren. Sie begannen jedoch auch bereits private Aufträge auf eigene Rechnung zu übernehmen, so Christian Zais in Wiesbaden und Johann Friedrich Christian Hess in Frankfurt am Main. Wichtigste Aufgaben im Klassizismus waren der Bau von Schlössern und Palais sowie der Ausbau der Residenzstädte als Folge der territorialen Veränderungen durch die Neuordnung der deutschen Staaten.

Nachdem die Fürsten von Nassau 1806 von Napoleon zu Herzögen erhoben worden waren und durch das Aussterben von Seitenlinien ein größeres Territorium entstand, wurde Wiesbaden zur Residenzstadt bestimmt. Als Erstes schuf man Wohnbauten für die Hofbeamten, die von Weilburg, Usingen und Biebrich nach Wiesbaden ziehen mussten. Dafür legte man südlich an die mittelalterliche Altstadt anschließend die Friedrichstraße an und errichtete nach den Plänen von Carl Florian Götz einige einfache Bauten, die nur mit ihren relativ hohen Walmdächern an die barocke Bautradition anschlossen.

Nachdem mit dieser Baumaßnahme die herzoglichen Finanzen erschöpft waren, versuchte man für den weiteren Ausbau der Residenzstadt private Bauherren anzulocken. Man erließ als Anreiz dafür 1812 die herzoglichen Baugnaden. Diese gewährten ein kostenloses Grundstück auf 200 Fuß Tiefe, Grundsteuerfreiheit für 10 Jahre, eine Bauprämie von 25 fl. pro Fuß Hauslänge – umgerechnet 140 Mark pro Meter – und die teilweise Kostenübernahme für die Beseitigung ungünstiger Bodenverhältnisse durch die herzogliche Kasse. Der Erfolg war so groß, dass bis 1818 die Friedrichstraße, Wilhelmstraße, Schwalbacher Straße und Taunusstraße einseitig zur Altstadt hin bebaut wurden.

Die Gewährung von Investitionshilfen war natürlich auch an gestalterische Auflagen gebunden. Dazu gehörte die Forderung, durchweg zweigeschossige, frei stehende Traufenhäuser von fünf Achsen zu errichten, die nur durch einen Torbogen mit dem Nachbarhaus verbunden, nicht aber aneinander gebaut werden durften. Zunächst wurden Satteldächer, dann ab 1812 flache Walmdächer vorgeschrieben; bündige Fenster waren ab 1813 verboten. Die Fassaden erhielten für die Putzflächen einen lichten blaugrauen, für das Holzwerk einen silbergrauen Anstrich. Diese Auflagen machen die Stiltendenzen des Klassizismus deutlich. Nicht mehr die geschlossene Bauweise direkt aneinander gebauter Häuser wie überwiegend noch im Barock, sondern frei stehende Kuben von Einzelhäusern wurden generell zum Merkmal von Städtebau und Architektur. Während Entwurfszeichnungen des Barock die Fassaden frontal und axial darstellten, wurden Ansichten für klassizistische Bauten mit Vorliebe diagonal gezeichnet. Risalite oder Seitenflügel wurden vermieden und die scharfe Ecke betonte man. Auch bei der Erweiterung der Neustadt von Darmstadt verwendete Georg Moller in seinen Plänen ab 1817 die offene Bauweise mit frei stehenden Einzelhäusern. Zum ersten Mal in der Geschichte des Städtebaus wurde hier ein an Licht, Luft und Grün orientiertes neues Wohngefühl zum Ausdruck gebracht, wie es bis in unsere Zeit als Ideal gültig geblieben ist.

Doch auch in der Beschränkung der Baukörper auf das Wesentliche, verbunden mit der Unterdrückung des Daches und dem Verzicht auf reiche Gliederungen wurden Stiltendenzen unseres Jahrhunderts vorweggenommen. Man konnte technisch noch keine echten Flachdächer konstruieren und hätte mit deren Abdichtung wohl ähnliche Probleme wie heute gehabt. Jedoch führte man die Außenwände über das Kranzgesims hinaus mit der Attika so weit hoch, dass man dahinter ein flach geneigtes Sattel- oder Walmdach verstecken konnte. Die bis dahin üblichen steilen Walm- oder Mansarddächer wurden mit funktionellen Argumenten abgelehnt. So schrieb Alois Hirt 1809 in seiner „Baukunst nach den Grundsätzen der Alten“: „Die Konstruktion eines hohen Daches ist unsolider und braucht mehr Holz. Ein flaches Dach schützt besser vor Wind und Kälte, da es geringere Angriffsflächen bietet. Regen fällt im Süden sogar mehr, weil er sich bloß auf einige Monate verteilt. Klimatische Gründe für die Anwendung des Hohen Daches sind somit hinfällig. Der Grund der durchaus unnötigen Anwendung im Norden war nur die konstruktiv ungeschickte Idee, ein Raumreservoir zu schaffen, was aber der Idee des Daches widerstrebt. Vor allem Mansarddächer sind verwerflich, da sie nicht nur häßlich, sondern außerdem andauernd schwierige Reparaturen erfordern“. Die Zitate nach Krubsacius, Moller und Hirt zeigen, wie der neue Stil mit Argumenten durchgesetzt wurde, die den Barock ablehnten und eine angeblich bessere Beschränkung auf die Funktion der Gebäude vorgaben. Die Auseinandersetzung um das richtige Dach ist auch in unserem Jahrhundert mit geradezu ideologischem Eifer geführt worden, wobei man die Argumente genau so gut umdrehen und gegen das Flachdach verwenden könnte.

Wiesbaden, Stadtschloss

Ehemaliges Stadtschloss, jetzt Hessischer Landtag

Den häufig übergroß wirkenden Barockschlössern wird gern Raumverschwendung nachgesagt. Man vergisst dabei jedoch oft, dass sie nicht nur die Wohnung des Landesherrn, sondern zugleich auch die gesamte Landesverwaltung enthielten. Im Zeitalter des Klassizismus wurden diese Funktionen getrennt. So auch in Wiesbaden, wo bis 1841 das Biebricher Schloss alle Einrichtungen einer ständigen Residenz umfasste. Ab 1838 ließ man in der Luisenstraße durch Karl Boos ein besonderes Regierungsgebäude errichten, nachdem man ein Jahr zuvor mit dem Neubau des Stadtschlosses nach den Plänen des Darmstädter Hofbaumeisters Georg Moller begonnen hatte. Ursprünglich sollte die neue Residenz noch ganz im Geist des Barock außerhalb der Altstadt am Luisenplatz entstehen, in gebührendem Abstand zum Bürger, mit einem repräsentativen Vorplatz und über stattliche Alleen mit der Sommerresidenz Biebrich verbunden. Deshalb hatte Herzog Wilhelm von Nassau der katholischen Kirche am historischen Standort der alten Burg bereits ein Grundstück geschenkt, das dann an einen Privateigentümer verkauft wurde. Als sich Herzog Wilhelm von Nassau entschloss, an den alten Ort der mittelalterlichen Burg zurückzukehren, war das verfügbare Baugelände somit auf ein ungünstig zugeschnittenes Eckgrundstück verkleinert worden.

Wie viele deutsche Fürsten wies der Herzog auf seinen historisch begründeten Herrschaftsanspruch hin, indem er sich auf das mittelalterliche Rittergeschlecht der Nassauer bezog, das hier seine Burg erbaut hatte. Auch wollte er als aufgeklärter, von der Französischen Revolution beeindruckter, volksnaher Fürst in der Nähe seiner Bürger wohnen. So wurde sein Schloss an beiden Seiten direkt an Bürgerhäuser gebaut, ein für den Absolutismus des Barock undenkbarer Vorgang. Der heutige Hessische Landtag wirkt darum kaum wie das Schloss eines Landesherrn, sondern eher wie ein Palais. Zu diesem Eindruck tragen auch das Fehlen eines Ehrenhofes wie im Barock und der unscheinbare, direkte Zugang vom Platz her bei. Nur ein eingeschossiger, halbrunder Säulenportikus in der Ecklage weist darauf hin, dass hier der Haupteingang liegt.

Diese diagonale Erschließung eines Schlosses ist einmalig und bis dahin nur von Bürgerhäusern wie dem Palais Ephraim in Berlin (1762–66) und dem ebenfalls von Georg Moller geschaffenen Casino in Darmstadt (1815) bekannt. Hier ergab sie sich aus dem stumpfwinklig zugeschnittenen, engen Grundstück. Dennoch hätte der Hochklassizismus um 1800 nicht eine derart weiche Ecklösung gewählt, denn er liebte scharfkantige Baukuben, die freistehen sollten. Moller leitete hier schon zum romantischen Historismus über, was auch in der etwas reicheren Verwendung von architektonischen Details zu bemerken ist. Zwar wirken die Fassaden im Vergleich zu barocken nur spärlich ausgeschmückt, im Vergleich zu hochklassizistischen wie denen des Prinzenpalais in Wiesbaden (1813–17 von Christian Zais) hat man sie aber deutlich aufwendiger gestaltet. So sind jetzt alle Fenstergewände profiliert und die Gesimse mit antikisierenden Schmuckelementen ausgestattet.

Noch aufwendiger und kostspieliger ist die Gestaltung der Innenräume. Die komplizierte, diagonale Erschließung der Repräsentations- und Wohnräume über die lang geschwungenen Galerien und Treppen täuscht dem ortsunkundigen Besucher eine nicht vorhandene Weiträumigkeit vor. Fußböden, Türblätter und Möbel wurden aus kostbarsten Edelhölzern gefertigt, die Wände sind reich mit gemalten oder Stuck-Dekorationen der Maler Ludwig und Friedrich Wilhelm Pose aus Düsseldorf ausgestattet. Dazu kommen vergoldete Lüster, zahlreiche zeitgenössische Gemälde – überwiegend mit mythologischen Szenen oder italienischen Landschaften –, und die Statuen im Treppenhaus und im runden Festsaal von Ludwig von Schwanthaler.

Auch mit dieser Schmuckfreudigkeit gehört das Stadtschloss in Wiesbaden bereits dem romantischen Klassizismus an.

Wiesbaden, Haupttreppe im ehemaligen Stadtschloss

Frankfurt am Main, Palais Rothschild

Nachdem man schon im 18. Jahrhundert die Entscheidungen eines Krieges nicht mehr im Belagern der gegnerischen Festungen, sondern in offenen Feldschlachten suchte, verloren die riesigen barocken Stadtbefestigungen in Frankfurt am Main ihre Bedeutung und konnten geschleift werden. An ihrer Stelle entstanden Grünanlagen und ein sich zum Main hin erstreckender neuer Stadtprospekt aus klassizistischen Wohnhäusern. Mit ihren schlichten, hellen Fassaden kaschierten sie die eng bebaute, finster erscheinende mittelalterliche Altstadt nach außen und vermittelten so den Geist einer neuen, von Aufklärung, Revolution und Neuordnung Europas geprägten Zeit.

Palais Rothschild vom Mainufer aus

In der ab 1815 wieder „Freien Stadt" Frankfurt konnten sich Handel und Banken gut entwickeln, es gab jedoch auch erste Ansätze von Bodenspekulation. So gelang es dem Stadtbaumeister Johann Friedrich Christian Hess, sich auf Grund seiner Kenntnisse der Planung in den Besitz von Grundstücken in bester Lage zu bringen und diese mit Gewinn anschließend zu verkaufen.

Beim Haus Untermainkai 15 hatte er schon die Fundamente gelegt, als es 1820 zum Verkauf an den Handelsmann und Bankier Joseph Isaak Speyer kam. Im Mittelalter und Absolutismus wäre es Juden nicht gestattet worden, an derart repräsentativer Stelle ein so aufwendiges Palais zu bauen. Eine Ausnahme bildete das Palais Ephraim: 1762–66 durfte es sich der jüdische Bankier Veitel Heinrich Ephraim in der Mitte Berlins an exponierter Stelle erbauen, denn er stand als dessen Finanzier in der Gunst Friedrichs des Großen. Allerdings war der Preußenkönig in Bezug auf Toleranz gegenüber anderen Religionen seiner Zeit weit voraus. Erst der Rationalismus der Aufklärungszeit und die Französische Revolution mit ihrer Forderung nach Freiheit, Gleichheit und Brüderlichkeit führten zur Emanzipation der Juden, die ihr Ghetto verlassen und inmitten der anderen Bürger leben durften. Viele von ihnen hatten auf Grund ihrer überdurchschnittlichen Intelligenz und ihrer Fähigkeiten als Finanzexperten einen besonders hohen Anteil am wachsenden Wohlstand. Zugleich begründeten sie in Frankfurt am Main ein Mäzenatentum, das in der bis dahin mehr vom rein kaufmännischen Profit geprägten Denken der Messestadt zu einer großen kulturellen Blüte führte.

Kassettendecke im Palais Rothschild

Für Joseph Isaak Speyer erbaute Hess bis 1824 das Haus mit sieben Fensterachsen. Nachdem die Witwe von Speyer das Haus 1846 an den Bankier Baron Mayer Carl von Rothschild veräußert hatte, ließ es dieser durch den Architekten Rumpf um fünf Fensterachsen erweitern. Dabei wurden die Architekturformen strikt eingehalten, sodass das Palais einheitlich erscheint. In der Verwendung von Rundbogenfenstern und eines rustizierten Sockels werden erstmals die Einflüsse der italienischen Renaissance deutlich; auf sie griff man mehr und mehr zurück, um eine größere Palette von Formen zur Verfügung zu haben, da die der Antike sich bald erschöpften. Auch das Treppenhaus folgt mit seiner Pilastergliederung und den steigenden Tonnengewölben dem Vorbild der Renaissance-Palazzi in Italien.

Frankfurt am Main, Treppenhaus im Palais Rothschild

Kassel-Wilhelmshöhe, Schloss

Einst erhob sich am Osthang des Habichtswaldes das Augustinerkloster Weißenstein. Die Landgrafen von Hessen ersetzten es nach der Reformation durch ein Jagdschloss. Landgraf Karl (1670/77–1730) ließ ab 1696 hier einen grandiosen Berggarten nach dem Entwurf des italienischen Architekten Giovanni Francesco Guerniero anlegen. Es war bekrönt von einem „Riesenschloss“ mit der Statue des Herkules. Dazu sollte auch ein barocker Schlossneubau in der Mittelachse am Fuße des Hanges entstehen; zu seiner Errichtung kam es aber nicht mehr. Erst unter Landgraf Wilhelm IX. – ab 1803 Kurfürst Wilhelm I. – wurden Pläne für das Schloss entwickelt, darunter auch solche, die für die Mitte nur einen Obelisken oder eine Fontäne vorsahen.

Der ab 1786 unter der Leitung von Simon Louis du Ry begonnene Bau sollte zunächst nur aus den beiden schräg angeordneten Seitenflügeln bestehen, die sich frei und ohne Verbindungsbauten beiderseits der offenen Mittelachse erhoben. Nach ihrer Fertigstellung wurden erneut Pläne für die Gestaltung der Mitte gefertigt, darunter auch der Plan für eine künstliche Ruine – für einen klassizistischen Architekten eine schockierende Vorstellung.

Schließlich gelang es Heinrich Christoph Jussow, den Lieblingswunsch des Landgrafen nach einem Ruinenschloss mit der Löwenburg abseits im Park zu befriedigen und die Erlaubnis zum Bau eines klassizistischen Mittelbaues zu erreichen, der 1791–1803 verwirklicht wurde. Die drei Flügel waren zunächst nur über flache Terrassen miteinander verbunden. König Jérôme überbaute um 1810 die nördliche Terrasse mit einer eingeschossigen Galerie, der 1817 die südliche folgte. Kurfürst Wilhelm II. ließ 1829 beide mit einem zweiten Geschoss versehen. Dadurch wurde die einst locker rhythmisierte Gruppe dreier selbständiger Flügel zu einem schwerfälligen Baublock zusammenfügt.

Schloss von der Bergseite aus

Den Stil des Hochklassizismus zeigen schon die Seitenflügel von du Ry mit ihren wuchtigen Säulenrisaliten und mit der kräftigen, vasenbekrönten Attika, hinter der sich das leicht geneigte Dach verbirgt und so ein Flachdach vortäuscht. Hier wie auch beim Mittelbau von Jussow waren Bauten in England das Vorbild. Dort hatte sich schon im 17. Jahrhundert ein Klassizismus entwickelt, der sich an Werken des italienischen Architekten Palladio (1508–80) orientierte und deshalb Palladianismus genannt wurde.

Bis zur Zerstörung im Zweiten Weltkrieg erhob sich über dem Säulenportikus des Mittelbaus eine Kuppel und markierte dadurch eine Mittelachse: vom Riesenschloss mit Herkules über die Kaskaden und die große Fontäne im Gartenparterre, fortgesetzt über die Kuppel bis in die Wilhelmshöher Allee und damit in das Fuldatal. Leider verzichtete man beim Wiederaufbau des schwer zerstörten Schlosses auf die Kuppel, und auch jetzt wird wegen der Beleuchtung der oberen Museumsräume eine Wiederherstellung abgelehnt. Nach der Aufstockung der Verbindungsflügel ist der Schlosskomplex allzu stark horizontal ausgerichtet, ein vertikaler Mittelakzent wäre dringend erwünscht.

Den Bomben des Zweiten Weltkriegs fielen im Nordtrakt, im so genannten Kirchenflügel, alle Innenräume bis auf die Schlosskapelle zum Opfer. Vom Hauptflügel blieben nur die Außenmauern stehen. Sie umschließen den modernen Ausbau von 1960–75 zur kunstgeschichtlich sehr bedeutenden Gemäldegalerie. Nur im südlichen Seitentrakt, dem so genannten Weißensteinflügel, konnten die Räume 1950–55 im ursprünglichen Charakter wiederhergestellt und als Schlossmuseum mit dem alten Mobiliar eingerichtet werden. Dem monumentalen, sehr avantgardistischen Außenbau entsprechen im Weißensteinflügel einige Räume durch die Sparsamkeit und Einfachheit ihrer Innenarchitektur. Andere wurden im Zustand aus der Zeit des Umbaus unter Kurfürst Wilhelm II. um 1825 rekonstruiert; sie sind bereits von der wachsenden Schmuckfreudigkeit des romantischen Klassizismus geprägt.

Kassel-Wilhelmshöhe, Innenraum im Weißensteinflügel des Schlosses

Edertal-Bergheim, Schloss

In Bergheim errichteten die Grafen von Waldeck an der Stelle einer mittelalterlichen Burg 1669 ein Schloss, das seit 1710 Sitz der Seitenlinie Waldeck-Bergheim war. In den Jahren 1785–86 schuf Simon Louis du Ry das stattliche frühklassizistische Herrenhaus. Mit seinem voluminösen Walmdach, dem schlichten Mittelrisalit und einem relativ hohen Dreiecksgiebel bewahrt es noch mehr spätbarocke Stiltendenzen als die ein Jahr später vom selben Architekten begonnenen Seitenflügel des Schlosses Wilhelmshöhe in Kassel. Es gleicht darin mehr dem Schlösschen Schönburg in Hofgeismar, ebenfalls ein Werk von du Ry aus den Jahren 1787–89.

Für kleinere Schlossbauten in ländlicher Umgebung schien dem Architekten wohl die Monumentalität einer landgräflichen Sommerresidenz in exponierter Lage unangemessen.

Das Innere des Schlosses wurde weitgehend verändert und seiner beweglichen Ausstattung beraubt; in einem Raum hat sich jedoch die Graudruck-Tapete von Joseph Dufour aus Paris erhalten. Wie bei der farbigen Tapete desselben Künstlers im Schloss Fasanerie Fulda werden auch in Bergheim mythologische Szenen der Antike dargestellt: Hier sind es Amor und Psyche, ein im Klassizismus sehr beliebtes Motiv, das der italienische Bildhauer Canova auch für seine berühmte Skulpturengruppe verwandte.

Gedruckte Tapeten wurden im Klassizismus zum preiswerten Ersatz für aufwendige Wanddekorationen aus Stuck oder Holz. Auch die Lambris ist nicht plastisch. Durch ihre starke Farbigkeit wie auch durch das kräftige Grün des Fonds wirken die in Grau gehaltenen Bilder lebendiger.

Treppenhaus des Schlosses

Edertal-Bergheim, Tapete im Erdgeschoss des Schlosses

Hessisch-Lichtenau, Stadtteil Küchen, Dorfkirche

Das 1827–28 erbaute Gotteshaus in Küchen ist kein vom Barock an üblicher Saalbau mit einer Ausrichtung in der Längsachse oder mit einem Kanzelaltar an einer Schmalseite. Das verrät schon der Außenbau mit dem Haupteingang in der Mitte der Langseite und dem darüber aufragenden verschieferten Fachwerkturm. Beim Betreten des Innenraums ist man dennoch von der Originalität des Baus überrascht, denn der hessische Landbaumeister Johann Friedrich Matthei gestaltete ihn wie bei einem griechischen Theater halbkreisförmig und mit ansteigenden Sitzreihen. Diese wie auch die halbkreisförmige Empore sind auf den Kanzelaltar ausgerichtet, der sich in der Mitte der dem Eingang gegenüberliegenden Längswand befindet. Sein Altartisch wurde bei der letzten Renovierung, einer Modeströmung der 50er Jahre unseres Jahrhunderts folgend, leider von der Altarwand abgerückt. Die kastenförmigen Seitenräume bergen die Sakristei und den Aufgang zur Kanzeltreppe. Auf der von toskanischen Holzsäulen getragenen Empore steht die Orgel, dem Kanzelaltar gegenüber. So sind die wichtigsten liturgischen Ausstattungsstücke sinnvoll und aufeinander bezogen symmetrisch im Raum verteilt. Das ansteigende Gestühl garantiert maximale Sicht- und Hörbezüge. Indem Matthei im Geiste des Klassizismus die antike Bauform des griechischen Theaters aufgriff, konnte er zugleich optimal die Intentionen des protestantischen Kirchenbaues verwirklichen: mit der Konzentration auf die Liturgie vom Altar aus, mit der Predigt von der Kanzel und der Kirchenmusik von der Orgelempore. In seiner Einfachheit und damit in seiner Konzentration auf das Wesentliche entspricht der Raum dem Rationalismus der Aufklärungszeit seiner Entstehung, dem auch die Assoziationen zum profanen Theater kein Sakrileg bedeuteten.

Inneres der Dorfkirche

Hessisch-Lichtenau, Stadtteil Küchen, Dorfkirche

Wiesbaden, Russische Kirche

Als Zar Alexander von Russland auf dem Wiener Kongress gefragt wurde, warum er sich so intensiv für die Erhaltung der kleinen deutschen Fürstentümer einsetze, soll er die Gegenfrage gestellt haben, an wen er denn sonst seine Töchter und Nichten verheiraten solle. So war es bei den deutschen Fürstentümern durchaus beliebt, Ehen mit der Zarenfamilie einzugehen, denn auf diese Weise gelangte man in den Schutz des russischen Großreiches. Auch Herzog Adolf von Nassau folgte diesem machtpolitischen Brauch seiner Zeit und heiratete die Nichte des Zaren, die russische Großfürstin Elisabeth. Sie verstarb jedoch schon im ersten Ehejahr am 28. Januar 1845. Der trauernde Landesherr wollte seiner ersten Frau Elisabeth ein Denkmal setzen und auch die stattliche Mitgift nicht für sich verbrauchen; er beschloss deshalb den Bau einer Grabeskirche. Ist schon die Entstehungsgeschichte ein typisches Zeugnis der Romantik, so gilt dies noch mehr für die Lage und die Architektur der Kirche. Hoch über den Dächern der Stadt wählte man den Südhang des Neroberges zum Standort. Man baute die Kirche aus lichtem Sandstein und pflanzte Fichten dahinter, die sonst am Taunusrand nicht vorkommen. So blieb auch im laublosen Winter der Hintergrund für den hellen Kirchenbau mit seinen fünf vergoldeten Kuppeln dunkel. Zur Erinnerung an die Heimat der so tragisch früh verstorbenen Großfürstin Elisabeth wünschte Herzog Adolf von Nassau die Grabkapelle im altrussischen Stil. Der mit dem Bau beauftragte, im Landesdienst stehende Architekt Philipp Hoffmann (1806 bis 1889) wurde zum Studium der Baukunst nach Russland geschickt. Er orientierte sich vor allem an den Werken von Konstantin Thon, des Lieblingsarchitekten des Zaren Nikolaus I. Thon hatte in jüngeren Jahren Italien bereist und den Kanon altrussischer Kirchen mit Elementen der römisch-antiken und byzantinischen Baukunst vermischt. Philipp Hoffmann wählte die – leider zur Stalinzeit abgebrochene – Erlöserkirche in Moskau mit ihren fünf vergoldeten Kuppeln zum Vorbild für seinen Entwurf, der auch Elemente der italienischen Renaissance erkennen lässt. Dies ist vor allem im reich ausgeschmückten Innenraum zu spüren, in dem das altrussische Motiv der hölzernen Bildwand, der so genannten Ikonostasis, in ein steinernes Renaissance-Retabel verwandelt wurde. In der Gruft ruhen in einem Marmorsarkophag die Gebeine der Verstorbenen. Der Hauptraum darüber ist die Kirche der russischen-orthodoxen Gemeinde. Die Wiesbadener nennen das Bauwerk fälschlich Griechische Kapelle – man verwechselte wohl die russische mit der griechisch-orthodoxen Religion –, obwohl eine kleine russische Gemeinde bis auf den heutigen Tag existiert. Als sich die Stadt Wiesbaden nach dem Ende des Herzogtums Nassau als vornehme Kurstadt und Sitz einer preußischen Provinzialregierung über das bis 1866 bebaute Historische Fünfeck weit nach Süden ausdehnte, richtete man die Moritzstraße und danach auch die Lanzstraße im Villengebiet des Nerotals auf die Russische Kirche aus. Weithin im Stadtbild sichtbar wurde sie zu einer innigen Verbindung von Landschaft und Architektur, zum Wahrzeichen der Stadt Wiesbaden und zu einem der großartigsten Denkmäler der romantischen Baukunst.

Ikonostasis in der Russischen Kirche

Inneres der Russischen Kirche, Blick in die Kuppel

Wiesbaden, Russische Kirche auf dem Neroberg

Wiesbaden, Staatstheater

Für die kulturellen Bedürfnisse des emanzipierten Bürgertums war neben dem Museum der Theaterbau die wichtigste Bauaufgabe. Im Barock blieb vor allem die Oper noch Privileg der Fürsten, nun entsprach man dem kulturellen Bedürfnis breiterer Schichten. Mit Kompositionen von Wagner, Weber, Verdi, Donizetti und Puccini erlebte die Oper eine Blütezeit, zugleich aber auch das Schauspiel. Für die größere Besucherzahl und die immer aufwendiger werdenden Bühnenbilder reichte das alte Theater des Architekten Zengerle nicht aus; es stand seit 1825–27 an der Stelle des heutigen Hotels Nassauer Hofes und musste diesem 1898 weichen.

Hatte Wiesbaden bei seiner Erbauung etwa 7000 Einwohner, so waren es am Ende des 19. Jahrhunderts 70 000, dazu kamen zahlreiche Kurgäste. Auch war dem Prunk liebenden Kaiser der alte Bau zu schlicht und er drängte auf einen repräsentativen Neubau. Deshalb glaubte man, mit einem großzügigen Zuschuss rechnen zu können. Doch mitten in die Vorbereitungen zum Bau platzte die Nachricht des zuständigen Ministers in Berlin: Man wollte die Verwaltung der Hoftheater in Kassel, Hannover und Wiesbaden aufgeben und allein in die Hände der Städte geben. Dadurch reduzierte sich der Zuschuss von 240 000 Mark jährlich auf die Miete der Kaiserloge um 25 000 Mark. Dennoch beschlossen die städtischen Körperschaften am 22. Juli 1892, das Theater ohne Einschränkungen zu bauen, um den Kaiser nicht zu verstimmen, dessen jährlicher Sommeraufenthalt ein unbezahlbarer Anziehungspunkt für Kurgäste war.

Zuvor war ein Streit um den Standort – zu Gunsten des heutigen – entschieden worden; vorgeschlagen hatte man den Bau außerdem: auf dem Dern'schen Gelände, an der Einmündung der Luisenstraße in die Schwalbacher Straße oder am Warmen Damm gegenüber dem Prinzenpalais.

Aus dem Wettbewerb gingen die Wiener Architekten Ferdinand Fellner und Hermann Helmer als Sieger hervor. Sie hatten sich als Spezialisten im Theaterbau einen Namen gemacht, in ganz Europa schufen sie 47 Theater. Hierin wird deutlich, dass sich die Architekten des 19. Jahrhunderts immer mehr auf bestimmte Bauaufgaben zu spezialisieren begannen. So errichtete zum Beispiel Georg Joseph Ritter von Hauberisser die Rathäuser von München, Kaufbeuren, Saarbrücken und Wiesbaden.

Am Wettbewerb zum Theaterbau in Wiesbaden nahmen außer Helmer und Fellner die Architekten Manfred Semper und Krutisch und Professor Frentzen aus Aachen teil. Die Jury hob bei ihrer Entscheidung für den Entwurf von Fellner und Helmer die folgenden drei Gründe hervor: erstens die geschickte städtebauliche Anlage auf dem schwierigen Gelände, zweitens den reichen architektonischen Schmuck, drittens die vollkommene Einhaltung der feuerpolizeilichen Vorschriften aus dem Jahre 1888. Letztere waren wegen der vielen Theaterbrände mit Verlusten von Menschenleben bedeutsam geworden. Durch die Anordnung von Terrassen um das Zuschauerhaus waren nun die Fluchtwege ins Freie vorbildlich gewährleistet. So konnte durch technische Vorkehrungen, zum Beispiel durch den eisernen Vorhang, in der Nacht vom 18. zum 19. März 1923 ein Brand auf den teilweisen Verlust des Bühnenhauses eingegrenzt werden.

An der prachtvollen Fassade am Warmen Damm befindet sich ein Portikus mit sechs Säulen und einem Dreiecksgiebel. So ergibt sich zudem die Möglichkeit, während der abendlichen Pausen in den Kolonnaden zu lustwandeln.

Als Neuheit führte man für den Bodenbelag des Theaters Linoleum ein, das man wegen seiner leichten Pflege und Haltbarkeit damals noch besonders schätzte. Der im Sinne des Neubarock mit Stuck und Gemälden üppig ausgestaltete Zuschauerraum verlor durch die Bomben des Zweiten Weltkriegs seine Deckenwölbung; er wurde 1975–78 rekonstruiert. Das Deckengemälde des Wiesbadener Malers Kaspar Kögler stellte der Würzburger Maler Wolfgang Lenz nach dem im Foyer erhaltenen Gemälde sowie nach einer Fotografie von 1907 wieder her, in der Komposition getreu, in den Details frei und sehr einfühlsam.

Wiesbaden, Zuschauerraum des Staatstheaters von der Bühne aus

Frankfurt am Main, Hauptbahnhof

Die Entwicklung der Eisenbahn seit 1815 wurde in den einzelnen deutschen Staaten von privaten, staatlich geförderten Gesellschaften vorangetrieben, und zwar als Einzellinien zwischen jeweils zwei bedeutenden Städten. Im Herzogtum Nassau begann diese Entwicklung relativ früh mit dem Bau der privaten Taunusbahn von Wiesbaden nach Frankfurt, die am 13. April 1840 ihren Betrieb aufnahm. Von da an fuhren im Sommer täglich sechs, im Winter vier Züge nach Frankfurt und zurück. Jede Fahrt dauerte 80 Minuten, heutzutage sind es mit der S-Bahn

Pfeilerfüße in der Gleishalle

noch immer 40 Minuten, mit den Pferden hatte man zuvor vier Stunden gebraucht. Bereits im ersten Jahr des Fahrbetriebes konnten 65 000 Reisende befördert werden; dafür waren 61 Personenwagen und 6 Lokomotiven erforderlich, ferner 21 Transportwagen für Güter. Man saß in vier Klassen, nur die beiden ersten hatten gepolsterte Sitze, die dritte und vierte Klasse hatten Holzbänke.

Auch in Frankfurt gab es ähnlich wie in anderen Städten mehrere kleine Kopfbahnhöfe, und zwar etwa da, wo heute die Banken an der Taunusanlage stehen. Nachdem die Hessische Ludwigs-Eisenbahn 1863 Mainz mit Frankfurt verbunden hatte, war der westliche Stadtrand Ziel von fünf Bahnlinien in der Hand verschiedener Gesellschaften mit jeweils eigenem Bahnhof. Wollte man von Mainz nach Bad Homburg fahren, musste man nicht nur in Frankfurt umsteigen, sondern dabei auch die Eisenbahnlinie und den Bahnhof wechseln. Die Kopfbahnhöfe waren entsprechend schlicht und allein am Bedarf orientiert. Die Bedeutung der Eisenbahn als das für Wirtschaft und Verkehr bedeutendste Instrument zur Bildung eines deutschen Reiches wuchs; dem war dieses System wie in Frankfurt nicht mehr gewachsen. Es kam 1871 zur Gründung der Deutschen Reichsbahn mit einem einheitlichen Schienennetz

Stahl-Eisen-Glaskonstruktion der Gleishalle

und zentralen Bahnhöfen. In Frankfurt am Main schuf man den Bahnhof 1883–88 nach einem Entwurf von Hermann Eggert. Es wurde ein einziges riesiges, zentrales Empfangsgebäude weiter nach Westen an den Stadtrand gebaut; dabei nutzte man ein ehemaliges, bogenförmiges Verbindungs- und Wendegleis für die Grundform des vorgelagerten Bahnhofsplatzes. Die monumentale Fassade des neuen Kopfbahnhofs entstand in den Formen der Neurenaissance aus gelbem Sandstein. Dahinter schloss man nach Schalterhalle und Nebenräumen aller Art eine gewaltige dreischiffige Halle für 18 Gleise an. Sie wurde als kühne Stahl-Eisenkonstruktion nach den Plänen des Ingenieurs Schwedler geschaffen. Hier wie allgemein in dieser Zeit trennten sich die Berufsbilder von Architekt und Ingenieur; das eine fußte auf den klassischen Materialien Stein, Ziegel und Holz, das andere auf den neuen Eisen und Beton.

Der Architekt schmückte seine Fassade, die den Querschnitt der Gleishallen wiedergibt, mit Skulpturen und Reliefs; darunter der Adler, zugleich Symbol des neuen Kaiserreiches und damit der Reichsbahn, wie auch der Reichsfreiheit Frankfurts, wenngleich im alten Heiligen Römischen Reich Deutscher Nation als Doppeladler üblich. Bei aller Ausrichtung der Stahl-Eisen-Glaskonstruktion auf Funktionalität und Statik konnte auch hier der Historismus nicht auf schmückendes Beiwerk, zum Beispiel an den Pfeilerfüßen, verzichten.

Der Eisenbahnverkehr nahm solche Dimensionen an, dass man 1921–24 die Zahl der Gleise von 18 auf 24 erhöhen musste und dafür zwei weitere Hallen mit neoklassizistischen Außenfassaden anfügte. Bis zum Bau des Leipziger Hauptbahnhofs war der von Frankfurt der größte in Europa. Er erfüllt auch heute noch seinen Zweck, auch wenn er als Kopfbahnhof betriebstechnisch zu einer zeitlichen Verzögerung führt. Deshalb gibt es derzeit Pläne, ihn durch eine unterirdische Führung der Gleise quer durch das Stadtgebiet zu einem Durchgangsbahnhof zu machen, wodurch die Bahnsteige um ein Stockwerk nach unten gelegt werden müssten. Dies würde nicht nur das Erscheinungsbild der historischen Bahnhofshalle stark verändern, sondern auch den Vorteil des Kopfbahnhofs entfallen lassen, auf alle Bahnsteige ebenerdig gelangen zu können.

Das Abfahren und Ankommen war bis zum Beginn des 20. Jahrhundert nicht nur ein technisches, sondern auch ein gesellschaftliches Ereignis, wodurch sich der große Aufwand für die Empfangshallen erklärt. Mündete alles künstlerische und technische Streben des Mittelalters im Kathedralbau, so fand das Streben des Historismus in den Bahnhöfen seine höchste Ausprägung; deshalb kann man die großen Empfangsgebäude und Gleishallen auch als Kathedralen der Technik bezeichnen.

Frankfurt am Main, Gleishalle des Hauptbahnhofs

Braunfels, Burg

Die Edelherren, späteren Grafen und ab 1734 Fürsten von Solms sind seit dem 12. Jahrhundert zunächst in Burgsolms nachweisbar, dann in der Burg Greifenstein und von der Mitte des 13. Jahrhunderts an in Braunfels. Sie erbauten sich an jedem dieser drei Orte eine Burg. Die stattlichste lag in Greifenstein; sie wurde jedoch 1693 aufgegeben, weil die Nebenlinie das Erbe für die ausgestorbene Braunfelser Linie antrat und ihren Hauptsitz nach Braunfels verlegte.

Treppenhaus im Innern der Burg

Schon zuvor hatte man 1656 begonnen, die mittelalterliche Burg Braunfels in ein mit Bastionen befestigtes barockes Schloss umzubauen. Ein umfangreiches barockes Schlossprojekt von 1720 kam jedoch nicht zur Ausführung. Erst der Historismus steigerte mit seinen Zutaten die bis dahin eher bescheidene Anlage zu großartiger Wirkung weit in die Landschaft hinein. Darin wird auch der Reichtum der fürstlichen Familie durch Beteiligungen an der Eisenerzindustrie deutlich.

Bereits Fürst Ferdinand ließ durch den Baumeister Rudolf Wiegmann die ersten neuromanisch-neugotischen Veränderungen ausführen. Doch die eigentliche Neugestaltung – unter Beibehaltung älterer Mauerteile – erfolgte erst 1881–85 unter Fürst Georg, der den Architekten Edwin Oppler (1831–80) mit der Planung beauftragte. Oppler war der Sohn eines jüdischen Weinkaufmanns aus Oels bei Breslau. Er studierte 1849–53 an der polytechnischen Schule in Hannover und insbesondere bei Conrad Wilhelm Hase, in dessen Büro er 1853–56 als Bauführer tätig war. Von 1856 bis 1859 hielt er sich in Brüssel und Paris auf, dort hauptsächlich im Büro des großen französischen Baumeisters der Neugotik, Eugene Violett-le-Duc. Sein Aufstieg zum Architekten fürstlicher Auftraggeber kennzeichnet die Emanzipation der Juden im 19. Jahrhundert. Fürst Georg von Solms-Braunfels kannte Oppler seit seinem Jugendaufenthalt am Königshof in Hannover, denn es bestanden enge verwandtschaftliche Beziehungen zwischen dem hannoverschen Königshaus und der fürstlichen Familie in Braunfels. Königin Friederike hatte als Witwe des Prinzen Friedrich-Wilhelm von Solms-Braunfels den hannoverschen König Ernst August geheiratet. Ihrer beider Sohn Georg V. erbaute für seine Frau Marie von Sachsen-Altenburg die Marienburg. Baumeister war Conrad Wilhelm Hase (1818–1902); sein Schüler Edwin Oppler wurde 1864 mit dem Innenausbau der Marienburg beauftragt.

So kam es durch den Auftrag an Oppler zu den künstlerischen Beziehungen zwischen den beiden Schlossbauten, die zusammen mit Neuschwanstein zu den Hauptwerken des Schlossbaus im Historismus gehören. Im Unterschied zu der in einem ehemaligen Steinbruch völlig neu errichteten Marienburg wurden in Braunfels umfangreiche ältere Bauteile in den Neubau einbezogen – zum Teil aber so stark überformt, dass auch sie neugotisch wirken. Das trifft vor allem für die Kernburg zu, weniger für den äußeren, sie umschließenden Bering. Dieser wurde im 14. Jahrhundert angelegt, im 15. und 16. Jahrhundert verstärkt und ab 1881 mit dem Ausbau einiger Türme optisch aufgewertet.

Der Hauptzugang von der Stadt her erfolgt über das 1491 datierte „Eiserne Tor“ an der südöstlichen Ecke. Er führt durch eine tunnelartige, tonnengewölbte Auffahrt, über der 1501 die spätgotische Schlosskirche errichtet wurde. Über einen kleinen östlichen Vorhof gelangt man schließlich in den größeren innenren Hof der Kernburg. Deren Friedrichsturm enthält noch größere Mauerpartien eines Wartturms aus dem frühen 13. Jahrhundert. Südöstlich davor liegt der dreigeschossige Palas mit dem 1847 völlig neu in romanisierenden Formen gestalteten Rittersaal. Südlich des Palas erhebt sich der so genannte „Alte Stock“, der ehemalige Bergfried aus dem 13. Jahrhundert; sein Oberbau wurde im 15. und 19. Jahrhundert verändert. Der heutige Hauptturm in der Art eines mittelalterlichen Bergfrieds ist ein völliger Neubau von 1881 bis 85, desgleichen der Georgsturm außen an der Südecke. Die neu geschaffene, turmreiche und sehr bewegte Silhouette wurde bezüglich ihrer Wirkung in die Landschaft hinein zunächst mit einem Phantom aus Latten und Leinwand ausprobiert, bevor man sie nach entsprechenden Korrekturen in Stein ausführte. So entstand ein wahres Märchenschloss, dessen Bestandteile nicht mehr auf die Verteidigunganlagen einer mittelalterlichen Burg, sondern allein auf die ästhetische Wirkung in die Landschaft hinein ausgerichtet sind. Ähnlich wie bei anderen Schlossbauten des Historismus sind die Innenräume trotz der Übernahme mittelalterlicher Formen stärker auf Wohnlichkeit und auch auf Repräsentation ausgerichtet. Heute enthält die noch immer im Eigentum der Gründerfamilie stehende Burg die sehr sehenswerten Sammlungen von Kunstwerken und Raritäten aller Art.

Braunfels, Palas und Fahnenturm des Schlosses

Wiesbaden, Marktkirche

Am 17.7.1850 wurde die mittelalterliche Mauritiuskirche in der Wiesbadener Altstadt durch einen Brand zerstört. Nach dem Gutachten des Baumeisters Richard Goerz war das Mauerwerk der einzig stehen gebliebenen Außenwände für einen neuen Innenausbau nicht mehr tragfähig. So beschloss man einen Neubau und beauftragte den Architekten Karl Boos, einen Bauplatz zu suchen. Er schlug drei Plätze vor: den Weinberg hinter dem Schützenhof, den jetzigen Platz am Schlossplatz, damals Neuer Markt genannt, und die alte Stelle am heutigen Mauritiusplatz. Im Kirchenvorstand gaben die Laien mit sechs Stimmen den Ausschlag für den heutigen Platz; sie scheuten den weiteren Weg zum Weinberg, den die fünf Geistlichen bevorzugt hatten, weil sie sich die Kirche beherrschend über dem Stadtbild wünschten.

Karl Boos hatte sich durch den Bau des Ministerialgebäudes in kurzer Zeit einen so guten Namen gemacht, dass man auf einen Wettbewerb verzichtete, ihm den Bau anvertraute und dabei weitgehend freie Hand ließ. Der Kirchenvorstand forderte für den Neubau lediglich die „in akustischer Beziehung bewährte Basilikaform" und durch einen hohen Turm „die Würde der Kirche als Landesdom". Beide Forderungen bedeuteten einen Bruch mit der Tradition des protestantischen Kirchenbaus, bei dem Saalkirchen oder Zentralbauten und nur niedrige Türme beziehungsweise Dachreiter verwendet worden waren. Weder das 18. noch das frühe 19. Jahrhundert kannte die vorreformatorischen hohen Türme und die basilikalen Raumformen der Gotik.

Eine ungewöhnliche Neuheit stellte die Verwendung unverputzten Backsteinmauerwerks dar, wie sie Boos wegen der „Billigkeit, Schönheit und Dauerhaftigkeit" vorgeschlagen hatte. Seit der Römerzeit war der Backstein hierzulande nicht mehr als sichtbares Baumaterial eingesetzt worden. Schinkel hatte in Berlin 1824–30 mit seiner Werderschen Kirche erstmalig wieder den Ziegelrohbau und den gotischen Stil gewählt. Boos sandte seinen Mitarbeiter Alexander Fach zum Studium nach Berlin, wo dieser die Werdersche Kirche, die Bauakademie und die Ziegeleien in Glindow studierte. Dadurch erklären sich die engen Beziehungen zwischen Schinkels Werderscher Kirche und der Marktkirche von Boos, ohne dass man bei letzterer von einer Nachbildung sprechen kann. So hat Schinkel noch vier ganz niedrige, sich in der Wirkung gegenseitig relativierende Ecktürme in der klassizistischen Tradition eingesetzt. Boos dagegen verstärkte dieses Element nicht nur, sondern steigerte es mit dem monumentalen, stark herausragenden Mittelturm zu einer Dominante und kam damit den Intentionen der mittelalterlichen Gotik sehr viel näher. Es ist deshalb nicht verwunderlich, dass ältere, noch ganz dem Klassizismus verpflichtete Baumeister wie Heinrich Hübsch aus Karlsruhe, der um ein Gutachten über die Pläne von Boos gebeten worden war, sowohl das ortsfremde Backsteinmaterial als auch den zu hohen Turm kritisierten. Boos aber verteidigte erfolgreich seinen Entwurf, er erhöhte den Hauptturm sogar noch wesentlich. Es ehrt den Kirchenvorstand, dass er dem jungen, progressiven Baumeister und nicht dem kritischen, in einer vergangenen Kunstepoche verharrenden Altmeister folgte und dadurch Wiesbaden dieses großartige, die ganze Stadtsilhouette bis heute prägende Bauwerk schenkte.

Wiesbaden, Marktkirche von Südwesten

Im Inneren bringt die Rückbesinnung auf den mittelalterlichen Kirchenbau eine Abkehr von den Grundsätzen des protestantischen Kirchenbaues mit sich: mit einer Zentralisierung auf Altar und Kanzel und mit einem mittleren Gestühlsblock. Stattdessen erfolgt eine Hinwendung zum vorreformatorischen Prozessionsraum mit Mittelgang, mit extra ausgeschiedenem Chorraum und relativ fern von den Hörern angeordneter Kanzel. Nur die Emporen sind noch ein typisch protestantisches Element. Diese vorübergehenden Abweichungen von den Grundsätzen des protestantischen Kirchenbaus wurden im so genannten Eisenacher Regulativ von 1861 beschlossen. Es empfahl ausdrücklich, neben dem altchristlichen und dem romanischen Stil vor allem die Gotik zum Vorbild zu nehmen. Daran erkennt man die Mitwirkung des Neugotikers C. W. Hase aus Hannover. Doch schon 30 Jahre später kehrte man 1891 mit dem Wiesbadener Programm zur typisch protestantischen Raumordnung zurück. Im Chorraum wurde eine 1863 geschaffene Figurengruppe des Bildhauers Emil Alexander Hopfgarten aufgestellt, die Christus und die vier Evangelisten darstellt. Deutlich erkennt man am Segensgestus Christi mit den weit ausgebreiteten Armen den Einfluss des dänischen Bildhauers Bertel Thorwaldsen (1770–1844), insbesondere von dessen Christusstatue in der Frauenkirche von Kopenhagen.

Der Kirchenraum der Marktkirche ist bei aller Aufnahme mittelalterlich-gotischer Elemente dennoch sehr eigenständig, denn seine harmonischen Proportionen und die klassizistischen Ornamente an Pfeilern und Emporenbrüstungen weisen ihn als typisch für die Baukunst des romantischen Historismus in Deutschland aus, zu dessen besten Leistungen er gehört.

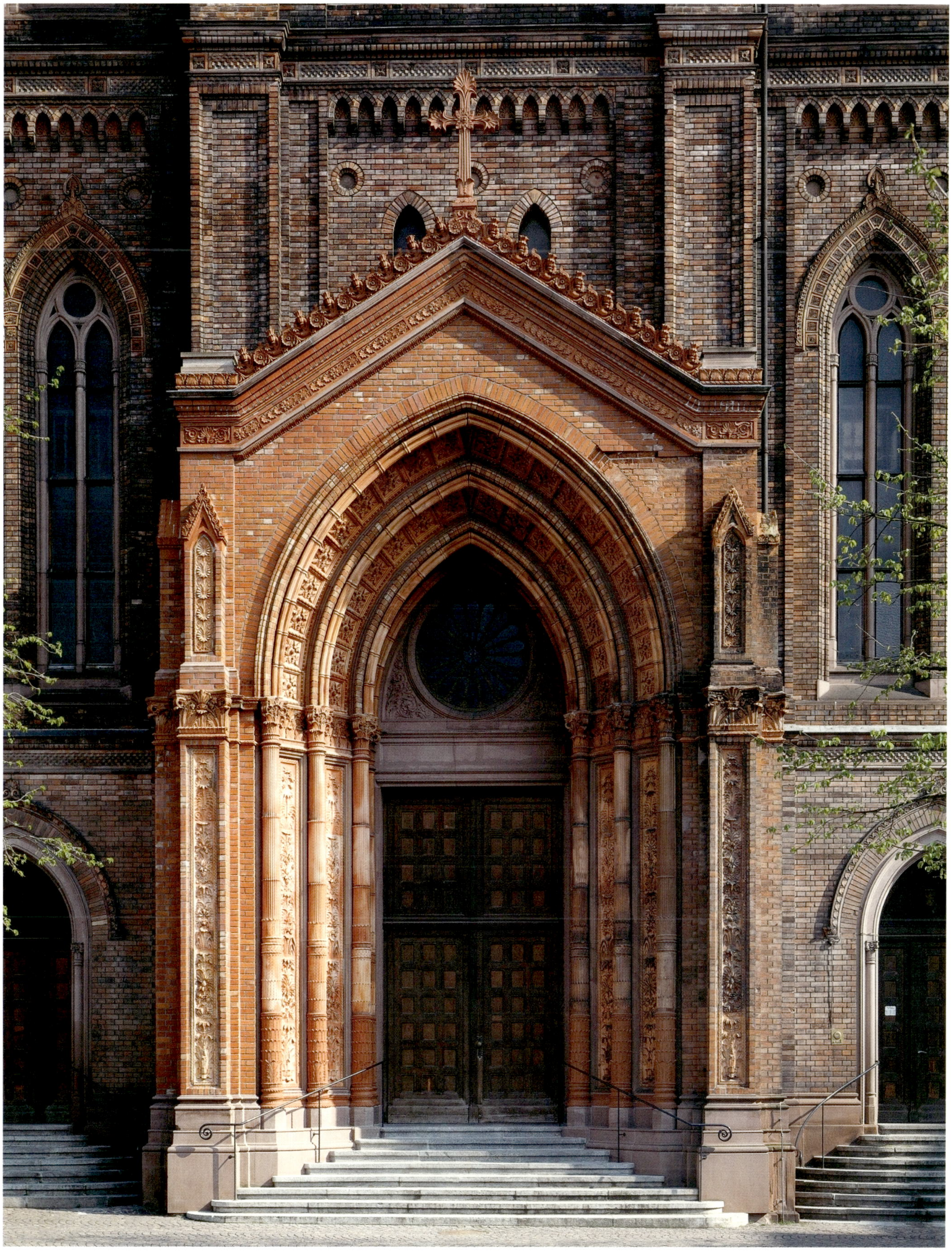

Wiesbaden, Hauptportal der Marktkirche

Jugendstil

In den bedeutendsten Kunstzentren Europas trat erstaunlich gleichzeitig um das Jahr 1895 eine neue Kunstrichtung auf, die sich in Paris Art Nouveau, in Barcelona Modernismo, in England und den USA Liberty und in Wien Sezessionsstil nannte.

In Deutschland verwendete man dafür bereits gegen 1897 die Bezeichnung Jugendstil. Der Name leitet sich von der in München zu dieser Zeit neu herausgegebenen Zeitschrift „Jugend“ ab. Deren Titelseiten waren vom Maler und Graphiker Fritz Erler in einem floralen Schmuck gestaltet worden, der bald im Kunstgewerbe Verwendung fand und seitdem als typisch für den Jugendstil bezeichnet wird. Die Bewegung erhielt zwar in den einzelnen europäischen Kulturzentren nicht nur verschiedene Bezeichnungen, sondern auch unterschiedliche künstlerische Ausprägungen. Sie hatte aber die gleiche Zielsetzung aus einer Aufbruchstimmung heraus, wie sie zu Jahrhundertwechseln häufiger in Erscheinung tritt. Politisch waren es republikanische Bestrebungen, weshalb zum Beispiel Kaiser Wilhelm II. dem Jugendstil mit schroffer Ablehnung begegnete. Als er zur Einweihung des neuen Kurhauses in Wiesbaden war und in den Muschelsaal mit den Gemälden von Fritz Erler geführt wurde, soll er sich mit hochrotem Kopf abrupt abgewandt haben.

In Wien baute man bis zum Beginn des Ersten Weltkriegs unverdrossen im Stil der Hochrenaissance die Hofburg weiter, dagegen wurden die Architekten der Sezession an den Staatsbauten nicht beteiligt. Die Jugendbewegung jener Zeit hatte ähnliche Ziele, man wollte den Standesvorurteilen und verstaubten Sitten der großbürgerlichen Wohlstandsgesellschaft entrinnen. Deren künstlerische Ausprägung war der aufwendige, auf Prunk und Repräsentation angelegte Späthistorismus des 19. Jahrhunderts; er hatte sich nacheinander die Stile der griechischen und römischen Antike, der frühchristlichen und frühmittelalterlichen Baukunst, der Gotik und Renaissance und schließlich des Barock zum Vorbild genommen, um in seiner letzten Phase zu Stilmischungen überzugehen. Schon früh bemühte man sich, einen neuen, von diesen Vorbildern unabhängigen Stil zu suchen – sogar durch ein Preisausschreiben, das der bayerische König Maximilian II. 1851 erließ, dessen Ergebnis jedoch wie alle anderen Versuche scheiterte.

Wegbereiter für die neue Stilrichtung des Jugendstils war ausgerechnet der seit der Französischen Revolution zutiefst verachtete Barock, der mit Kaiser Napoleon III. in Paris im Bau des Neuen Louvre 1851 von Louis Tullius Visconti und dem Opernhaus 1863 von Charles Garnier eine erste Wiederbelebung erfahren hatte. In Deutschland wurde der Barock durch die Publikationen der Kunsthistoriker Cornelius Gurlitt und A. Ilg wissenschaftlich-literarisch aufgewertet; er fand als Neubarock Eingang in die Baukunst des späten 19. Jahrhunderts. Seine fließenden Ornamentformen, die geschwungenen Fassaden, geschweiften Giebel und hohen gebrochenen Dächer wurden zum Ausgangspunkt für den Jugendstil.

Nur für eine sehr kurze Zeitspanne zwischen 1895 und dem Beginn des Ersten Weltkriegs wurde der Jugenstil zur beherrschenden Kunstrichtung, die deshalb auch keine Breitenwirkung entwickeln konnte, sondern auf einige Zentren beschränkt blieb. Aus diesen Gründen sind reine Jugendstilbauten selten, und man muss sich fragen, ob es sich überhaupt um einen Stil wie Romanik, Gotik, Renaissance oder Barock handelt oder nur um eine Stilphase. So wie der Manierismus die letzte Phase der Renaissance und zugleich den Übergang zum Frühbarock zeigt und das Rokoko den Spätstil des Barock und zugleich erste Ansätze für den Klassizismus, wäre dann der Jugendstil die letzte große Phase des Historismus und zugleich der Beginn der internationalen Baukunst des 20. Jahrhunderts.

Die Hauptzentren des Jugendstils waren Paris, Nancy, Brüssel, Barcelona, Glasgow, Wien, München und Darmstadt sowie Chicago. Vereinzelt sind Jugendstilbauten auch in St. Petersburg, Riga, Berlin und anderen Städten anzutreffen, darüber hinaus gab es von den oben genannten Zentren aus im eigentlichen Zeitraum des Jugendstils kaum Ausstrahlungen.

Die Strömungen zu einer neuen Kunst waren höchst unterschiedlich. Die romanischen Länder Frankreich, Belgien, Italien und Spanien folgten stärker den vom Neubarock inspirierten weichen, floralen Formen, während sich in den USA, in Großbritannien und Wien nahezu schmucklose, kubisch klar ausgebildete Baukörper entwickelten, die als Beginn des Funktionalismus angesehen werden können.

Viollet-le-Duc, der bedeutendste Vertreter des Historismus in Frankreich, wurde mit seinen rationalistischen Theorien zugleich zum theoretischen Wegbereiter der neuen Architektur. Er hielt es für nicht so wichtig, welchen Stil man wählte, sondern forderte einen ehrlichen Umgang mit dem Material und den Dekorationen, ein Gleichgewicht zwischen Form und Ornament im Hinblick auf eine dreifache Rationalität: erstens die technische Rationalität in einer vernünftigen Anwendung der Materialien, zweitens die funktionale im Sinne von Sullivans Forderung, dass die Form der Funktion folgen solle, drittens die soziologische Rationalität in der Anpassung der Baumethoden an die Bedürfnisse der einzelnen Bauherren. In diesen Forderungen kommt zum Ausdruck, wie stark bereits der Jugendstil Elemente des Funktionalismus im Internationalen Stil des 20. Jahrhunderts vorwegnimmt.

Die rationalistischen Theorien des großen Neugotikers Viollet-le-Duc fanden zwar in Chicago, Glasgow und Wien Gehör, wenig jedoch in seiner Heimat Frankreich. Hier schwelgte man ganz im Dekorativen und kultivierte besonders das Kunstgewerbe, zum Beispiel durch die Werke von Emile Gallé in Nancy. Die wichtigsten Vertreter des französischen Art Nouveau in Paris waren Hektor Germain Guimard (1867–1942) mit seinem Castell Beranger von 1894–98 und vor allem seinen Gittern und Schutzdächern für die

Metro sowie Jules Aimee Lavirotte (1864 bis 1924) mit dem Haus Avenue Rapp 29 von 1901. In Belgien begann der Art Nouveau bereits 1892, begünstigt durch den starken wirtschaftlichen Aufschwung im Export von Glaswaren und vorgefertigten Metallteilen für Bauten in die USA. Nicht zuletzt wegen der niedrigen Herstellungskosten wurden Glas und vor allem Spiegel sowie Eisen zu den beliebtesten Baumaterialien auch bei Victor Horta (1861–1947), dem berühmtesten Architekten des Art Nouveau in Belgien. Er kreierte eine neue Wohnkultur für den wohlhabend gewordenen Mittelstand. Dabei ersetzte er den späthistoristischen Prunk im Stil des Hans Makart (1840–84) mit überladenem Stuck und Plüsch durch eine raffinierte Eleganz aus Eisen, Marmor und Glas.

Es gab auch in Hessen ein Bauwerk von Victor Horta, und zwar das Warenhaus Grand Bazar, Zeil Nr. 36 in Frankfurt am Main. Er hatte es 1903–05 im Auftrag eines belgischen Finanzkonsortiums errichtet, es ist leider nicht erhalten geblieben. Offensichtlich fand damals der Jugendstil in Frankfurt keine Anerkennung. In der Presse und in den Architekturzeitschriften schwieg man den avantgardistischen Bau mit seinen typischen, wellenförmig schwingenden Formen einfach tot, obwohl man ihn nicht übersehen konnte und Victor Horta bereits über die Grenzen Belgiens hinaus berühmt war.

In Spanien konzentrierte sich der so genannte Modernismo hauptsächlich auf Katalonien. Er hatte dort einen stark lokalpatriotischen Charakter und vollzog sich deshalb ohne Außenwirkung in der Isolation. Das kommt auch darin zum Ausdruck, dass der Modernismo bereits gegen 1880 begann und länger, bis in die 20er Jahre, dauerte.

Er beruhte weitgehend auf der herausragenden Künstlerpersönlichkeit von Antonio Gaudi i Cornet (1852–1926) – eine höchst außergewöhnliche Erscheinung, die ähnlich schwer wie Hieronymus Bosch oder Francesco Borromini in eine Kunstepoche einzuordnen ist. Cornet kam von der Neugotik her; er war von den theoretischen Schriften des Viollet-le-Duc beeinflusst, gelangte aber ab 1883 durch eigene konstruktive Ansätze – wie mit dem Kettenbogen bei seinem Hauptwerk der Sagrada Familia in Madrid – zu einer sehr phantasievollen Variante des gotischen Systems. Um 1900 nahmen er und seine Mitarbeiter beim Park Güell die iberische Tradition der Azulejos wieder auf, mit denen sie die biomorphen Formen ihrer Dächer, Treppenbrüstungen und Stützmauern belegten.

Ganz anders ist der Stil der Schule von Chicago, in der Louis Henri Sullivan (1856 bis 1924) zur dominierenden Gestalt geworden war. Über sein Schiller-Building von 1891–92 in Chicago schrieb Nikolaus Pevsner: „In seiner Technik und in der starken Betonung der Vertikale ist das Gebäude ein Vorläufer der modernen Architektur, während die komplizierte, reiche Ornamentik noch in die Zeit des Jugendstils gehört." Aus diesen Formulierungen geht hervor, wie problematisch es ist, von der Kunstphase zwischen etwa 1890 und 1918 als einem eigenen Stil zu sprechen. Die konstruktiven Ansätze waren bei Sullivan in der Tat bereits Vorläufer des Funktionalismus im 20. Jahrhundert, schließlich erhob er bereits die Forderung: „form follows function – die Form soll der Funktion folgen." Auf das Ornament konnte er aber noch nicht verzichten, er stand damit noch in der Tradition des Späthistorismus; Sullivan forderte allerdings eine Integration des Ornaments in die Konstruktion.

Sullivans berühmtester Schüler Frank Lloyd Wright (1867–1959) leitete am stärksten von allen zur Neuen Sachlichkeit des 20. Jahrhunderts über. Nur anfangs verwendete er noch einige Ornamente, die man mit dem Begriff Jugendstil in Verbindung bringen könnte – im Übrigen aber rechtwinklige, geometrische Baukörper. Auch verwendete er bereits 1905 bei seinem Unity Temple in Oak Park den Stahlbeton, er bemühte sich bei seinen zahlreichen Wohnbauten, die wirklichen Bedürfnisse der Bewohner besser zu berücksichtigen und erkannte die neuen Möglichkeiten beim Einsatz von Maschinen.

In Großbritannien dagegen ging der neue Stil zunächst ganz von der Wiederbelebung des Handwerks in der von den Theoretikern Morris und Ruskin eingeleiteten Bewegung „Arts and Crafts Movement" aus. Dieses war eine Reaktion auf die hier sehr früh begonnene Industrialisierung mit allen ihren Verlusten an kreativen Fähigkeiten im Handwerk.

Der stärkste Vertreter der neuen Kunstströmung war Charles Rennie Mackintosh (1868 bis 1928). Er ging von der heimischen Bautradition aus, dem „domic revival". Seine Wurzeln lagen in den schlichten Landhäusern des 18. Jahrhunderts, die bei hervorragenden Proportionen in typisch britischem Understatement auf jedes Ornament verzichteten. In seiner Wirkungsstätte Glasgow wie auch in ganz Großbritannien fand er mit seinen revolutionären Bauten wie der School of Art von 1897 keine Nachfolge – dafür Anerkennung in Wien, in der für den Jugendstil in Hessen wichtigsten Schule.

Ihr Hauptvertreter war Otto Kolomann Wagner (1841–1918). Er war nach dem Studium in Wien tätig, und 1860–61 an der Bauakademie in Berlin im Büro von Ludwig von Förster, einem Hauptvertreter des österreichischen Späthistorismus. In diesem Stil waren auch seine frühen Entwürfe gehalten, die er jedoch um 1880 alle vernichtete. Wie viele seiner Kollegen begründete er seine künstlerische Haltung auch theoretisch, so 1895 in seinem Werk „Moderne Architektur".

Bei seiner radikal republikanischen Gesinnung war es kein Wunder, dass Otto Wagner keine Aufträge vom kaiserlichen Hof erhielt, die einzige Kirche in einer Psychiatrischen Anstalt auf dem Steinhof bauen durfte und vornehmlich mit technischen Bauten wie den Stationen der Wiener Stadtbahn sowie der Postsparkasse beauftragt wurde. Der 1904 bis 1906 entstandene Zweckbau der Postsparkasse wirkt sowohl außen als auch im Inneren durch seine Schmucklosigkeit auffallend modern im Sinne der erst Jahre später beginnenden Neuen Sachlichkeit.

Von den Schülern Otto Wagners setzte Joseph Hoffmann (1870–1956) die Linie seines Lehrers am stärksten fort. Das ist deutlich erkennbar am Palais Stoclet in Brüssel von 1905, bei dem der klare, nackte Kubus der Bauteile zusätzlich graphisch durch dunkle Linien hervorgehoben ist.

Der zweite bedeutende Schüler, Joseph Maria Olbrich (1867–1908), verfolgte nicht diese radikal geometrische Linie, sondern ging auf Grund seiner reichen Phantasie eigene künstlerische Wege. Auch er hatte noch bei einem herausragenden Vertreter des Späthistorismus in Wien studiert, bei Carl von Hasenauer. Seine eigentliche Prägung erhielt Olbrich jedoch durch die Tätigkeit im Büro von Otto Wagner 1894–98. Zusammen mit anderen Künstlern gründete er 1897 die Wiener Sezession und schuf für sie 1898 das gleichnamige Ausstellungsgebäude am Karlsplatz. Die außerordentliche Kreativität dieses Architekten konnte sich im konservativen Wien nicht weiter entfalten – jedoch fand sie in der Mathildenhöhe in Darmstadt ihre Vollendung.

Darmstadt, Mathildenhöhe, Großes Haus Glückert

Um das Ernst-Ludwig-Haus als inhaltliches und städtebauliches Zentrum der ersten Anlage auf der Mathildenhöhe für die Ausstellung von 1901 gruppierten sich ursprünglich acht Wohnhäuser für Künstler und Privatleute. Leider sind einige, wie das Haus des Malers Christiansen, im Krieg restlos zerstört worden. Andere wurden entstellend wiederaufgebaut, wie das Olbrich-Haus. Nur die blauweißen Fliesenfelder zwischen den Erdgeschossfenstern ermöglichten eine Identifizierung mit dem Original von Olbrich; es war im Baukörper und in der Dachform völlig verändert worden.

Großes Haus Glückert, Erdgeschosshalle

Besser wurde das 1901 von Peter Behrens (1868 bis 1940) für sich erbaute Wohnhaus wiederaufgebaut. Behrens war kein ausgebildeter Architekt, sondern Maler, Grafiker und Typograf, erntete aber mit seinem architektonischen Erstlingswerk gleich viel Lob. Mit seinen geschwungenen Giebeln, der Ornamentik der Haustür und der Portallaibung aus glasierten Backsteinen ist es ein typisches Werk des Jugendstils. Allerdings war es mit Baukosten von 200 000 Mark deutlich teurer als Olbrichs Haus mit 70 000 Mark. Am besten erhalten ist das so genannte Große Haus Glückert, heute Sitz der Deutschen Akademie für Dichtung und Sprache. In diesem Gebäude und vor allem in seiner Inneneinrichtung wirkte sich die vom Großherzog beabsichtigte Befruchtung der heimischen Industrie durch die Künstlerkolonie aus. Bis 1914 bestanden in Darmstadt dreizehn Betriebe der Möbelindustrie, darunter auch die Fabrik von J. Glückert, der sich von Olbrich auf der Mathildenhöhe zwei Musterhäuser für seine Produkte erbauen ließ, als großes und kleines Glückert-Haus oder mit den römischen Ziffern I und II bezeichnet. Das Große Haus Glückert war ursprünglich für den schlüsselfertigen Verkauf geplant; es erwies sich aber 1901 als wirkungsvolles Ausstellungsgebäude für die Möbel der Firma Glückert. Der sich wandelnden Mode der Möbel folgend wurde es 1908 zur Hessischen Landesausstellung im Inneren umgestaltet und neu mit Möbeln eingerichtet.

Der Außenbau präsentiert sich mit seinen hellgestrichenen, glatten Putzflächen bei sparsamer Verwendung weniger Schmuck- und Gliederungselemente als ein heute noch modern erscheinender Baukörper. Lediglich Details verraten die Entstehung im Jugendstil: das halbrunde Fenster, der geschweifte Giebel, die zarten Blumenranken und besonders das rundbogige Eingangsportal mit den spiralförmig geschwungenen Gittern der Haustür und die spielerisch verstreuten zarten Schmuckformen des Putzes. Vor allem aber die Innenräume sind ein typisches Zeugnis für das Kunstgewerbe des Jugendstils. Nach der Beschädigung im Zweiten Weltkrieg hat man beim Wiederaufbau 1967 die Halle überwiegend in der Gestalt von 1901 rekonstruiert; nur in einigen Details, wie beim Kamin, wurde der Zustand von 1908 beibehalten.

So sehr die Künstler der Mathildenhöhe durch die Großzügigkeit ihres Auftraggebers in ihrem Schaffen frei waren, so erwartete der Großherzog doch auch praktische Auswirkungen auf sein Land. In diese Richtung weisen die Keramikfabrik in Wächtersbach, die Möbelindustrie sowie ein Arbeiter-Musterhaus, das Olbrich für die Firma Opel zur Ausstellung 1908 entwarf. Der eingeschossige Baukörper mit dem sehr steilen, ausgebauten Satteldach ist ein bis heute verbreiteter Haustyp im kleinbürgerlichen Siedlungsbau. Ob das betont schlichte Innere mit seiner sehr sachlichen Einrichtung allerdings den damaligen Arbeitern zugesagt hätte, ist zu bezweifeln, denn sicher orientierten diese sich noch an den bürgerlichen Vorstellungen mit aufwendigem Dekor.

Darmstadt, Großes Haus Glückert auf der Mathildenhöhe

Wiesbaden, Lutherkirche

Die 1906–10 erbaute Lutherkirche in Wiesbaden ist ein Werk des Architekten Friedrich Pützer (1871–1922). Er war Professor an der Technischen Hochschule in Darmstadt und Städtebauer, vor allem aber der bedeutendste Kirchenbauer des Jugendstils in Hessen. Insgesamt vierzehn Kirchen hat er erbaut, die meisten davon im Bereich der Evangelischen Kirche von Hessen-Nassau, obwohl er selbst katholisch war.

Glasfenster der Lutherkirche

Das Hauptwerk seines Kirchenbaus ist die Lutherkirche in Wiesbaden, zugleich ein Meilenstein in der Entwicklung vom repräsentativen Sakralbau des Historismus zum multifunktionalen Gemeindezentrum des 20. Jahrhunderts. Denn zum Kirchenkomplex gehören außer dem eigentlichen Sakralraum ein Gemeindesaal im Sockelgeschoss, eine Eingangshalle mit Taufkapelle, Toiletten und anderen Nebenräumen sowie das direkt angebaute Pfarrhaus. Diese einzelnen Bauteile wie auch die Treppentürme sind geschickt um den mächtigen Hauptbau gruppiert, der im Grundriss die Gestalt eines lang gezogenen Achtecks hat.

Der Glockenturm ist als Campanile an der Westseite so platziert, dass er in die Sichtachse der Oranienstraße rückt und somit das Stadtbild nach Süden in gleicher Weise prägt, wie die Russische Kirche auf den Höhen des Taunus nach Norden. Darin wird Pützers städtebauliche Meisterschaft deutlich. Der vom Turm bekrönte Baukomplex trägt ein gewaltiges steiles Walmdach, zu dessen Form Pützer wohl durch die Niederländisch-Wallonische Kirche in Hanau angeregt worden ist.

Mit der Gestaltung des Innenraumes setzten die Gemeinde und ihr Architekt das so genannte Wiesbadener Programm fort. Es war von Pastor Veesenmeyer und seinem Architekten Johannes Otzen (1839–1911) aufgestellt worden; man veröffentlichte es 1891 und setzte es beim Bau der Ringkirche bis 1894 um. Es löste das vor allem auf Betreiben des Neugotikers Conrad Wilhelm Hase erlassene Eisenacher Regulativ von 1861 ab, mit dem der protestantische Kirchenbau seine ureigenste Gestalt als zentraler Predigtraum aufgegeben und sich dem katholischen Prozessionsraum angenähert hatte. Dies war in gewisser Weise erforderlich, um dem gotischen Kirchenbau mit seiner Längsachse, dem Mittelgang und dem abgesonderten Altarraum eine Wiedergeburt verschaffen zu können, wie es zum Beispiel in der Marktkirche von Wiesbaden erfolgte.

Am Ende des 19. Jahrhunderts kehrte man bei der Wiesbadener Ringkirche mit den folgenden vier Forderungen zum typisch protestantischen Kirchenbau zurück:

1. Die Kirche soll im Allgemeinen das Gepräge eines Versammlungshauses der feiernden Gemeinde, nicht dasjenige eines Gotteshauses im katholischen Sinne in sich tragen.
2. Der Einheit der Gemeinde und dem Grundsatz des allgemeinen Priestertums soll durch die Einheitlichkeit des Raumes Ausdruck gegeben werden. Eine Teilung des letzteren in mehrere Schiffe sowie eine Scheidung in Schiff und Chor darf nicht stattfinden.
3. Die Feier des Abendmahls soll sich nicht in einem abgesonderten Raume, sondern inmitten der Gemeinde vollziehen. Der mit einem Umgang versehene Altar muss daher – wenigstens symbolisch – eine entsprechende Stellung erhalten. Alle Sehlinien sollen auf denselben hindeuten.
4. Die Kanzel als derjenige Ort, an welchem Christus als geistige Speise der Gemeinde dargeboten wird, ist mindestens als dem Altar

Wiesbaden, Inneres der Lutherkirche

gleichwertig zu behandeln. Die Kanzel soll ihre Stellung hinter dem Altar erhalten und mit der im Angesicht der Gemeinde anzuordnenden Orgel und Sängerbühne verbunden werden.
In allen vier Punkten folgt die Lutherkirche diesem Wiesbadener Programm sehr genau. Ihren Innenraum schließt ein tief herabgezogenes, breitgespanntes Sterngewölbe ab. Durch den warmen Holzton der Wandvertäfelungen und umlaufenden Emporen strahlt der Raum trotz seiner Größe die Intimität eines Wohnraums aus. Die in den 80er Jahren wieder freigelegte und rekonstruierte Farbigkeit und Ornamentik verleihen dem Raum eine besondere, festliche Note. Dazu tragen auch die farbigen, rein ornamentalen Glasfenster der Gebrüder Linnemann aus Frankfurt bei.

Wiesbaden, Kaiser-Friedrich-Bad

Wiesbaden war schon bei den römischen Legionären wegen seiner heilenden Thermalquellen beliebt. Eine dieser Quellen ist die Adlerquelle. Sie wurde benannt nach dem vom 16. Jahrhundert an gleichermaßen als Posthalterei und Badehaus genutzten Gesellschaftszentrum Adler, das die Stadt um 1900 erwarb und neu erbauen ließ. Im Bereich zwischen Langgasse und Coulinstraße 1910–13 wurde der heutige Bau als Kurmittelhaus aufgeführt, das nach Kaiser Friedrich III. seinen Namen erhielt. Der Entwurf zu dem stattlichen, breit gelagerten Baukörper mit einer neoklassizistischen Fassadengliederung und einem hohem Walmdach stammt vom Architekten A. O. Pauly. An der Ausführung waren die städtischen Baumeister F. Grün und C. Petry beteiligt.

Der im Äußeren relativ schlichte Bau birgt im Inneren prachtvoll ausgestattete Räume. Der keramische Schmuck der Eingangshalle stammt aus der Darmstädter Manufaktur und zeigt, dass die Hoffnung des Großherzogs Ernst Ludwig auf Belebung des Kunsthandwerks durch die Künstler der Mathildenhöhe aufgegangen war.

Neben der großen Halle mit Marmor-Inkrustationen und dem Kassenraum mit Keramik aus dem ostpreußischen Cadinen ist vor allem das römisch-irische Bad von Interesse. Die Dekorationen seiner Wände und Arkaden stammen von der Majolika-Manufaktur in Karlsruhe. Ähnlich wie auf der Mathildenhöhe tritt hier nicht der florale, üppige Jugendstil, sondern die eher klassizistisch kühle Variante in Erscheinung. Zur Zeit wird das Kaiser-Friedrich-Bad zu einer vornehmen Senioren-Residenz umgebaut, nachdem sich die Stadt Wiesbaden zum Neubau der Rheumaklinik entschlossen hat. Die historischen Baderäume bleiben aber weiterhin für die öffentliche Nutzung zugänglich.

Marmor-Inkrustationen im Kaiser-Friedrich-Bad

Wiesbaden, römisch-irisches Bad im Kaiser-Friedrich-Bad

Frankfurt am Main, Westend-Synagoge, Freiherr-vom-Stein-Straße 30

Solange die jüdischen Gemeinden ihre Synagogen versteckt im Ghetto bauen mussten, verwendeten sie ähnliche Bauformen wie die christlichen Kirchen. So verwendet die mittelalterliche Synagoge in Worms die Formen des romanischen Domes, das 25 m tief in den Boden reichende rituelle Frauenbad in Friedberg die der gotischen Stadtkirche, und die Synagoge von Gelnhausen gleicht einer barocken evangelischen Pfarrkirche, ihr Thoraschrein einem christlichen Altarretabel.
Mit der Emanzipation des Judentums durch die Aufklärung konnten die Juden sich freier

Westend-Synagoge

entfalten und einen beachtlichen Wohlstand erreichen, der in Frankfurt in zahlreichen Stiftungen zur Grundlage kulturellen Lebens wurde. Das neue Selbstbewusstsein nach jahrhundertelanger Verfolgung und Unterdrückung äußerte sich im Historismus in der Suche nach einem eigenen Baustil. Man nahm die Zeugnisse der byzantinischen und islamischen Baukunst in der Heimat Palästina zum Vorbild. Dieser orientalisierende, sehr malerische Stil wird mit zunehmender Integration der Juden in Deutschland nach der Jahrhundertwende zu Gunsten einer Anpassung an die allgemeine Bauentwicklung abgeschwächt. Zugleich finden Motive der historischen Baukunst Ägyptens und Babylons Eingang in den christlichen Kirchenbau.

Der Architekt F. Roeckle schuf 1908–10 den Baukomplex der Westend-Synagoge: Vorhof, Synagoge, Werktagssynagoge, Verwaltungs- und Schulgebäude bestehen aus geschickt zum dominierenden Kuppelbau gestaffelten Baukörpern in einer neoklassizistischen Grundhaltung mit schwachen orientalischen Anklängen. Der Innenraum der Synagoge wurde in den 50er Jahren nach den Verwüstungen durch die Nationalsozialisten in einfachen Formen wiederhergestellt. Die Bemalung der Kuppel und die Wandgestaltung um den Thora-Schrein nach einem Entwurf von Leistikow stammen noch aus dieser Phase des Wiederaufbaus. Damals wollte man sich nach den Schrecken des Holocaust ganz von der Tradition abwenden und verkleidete bewusst die Ornamentik oder schlug sie ab.
Eigentlich sollten sich nach dem Willen der ausländischen Juden in Deutschland keine jüdischen Gemeinden mehr bilden, alle sollten in den neuen Staat Israel im Gelobten Land auswandern. Deshalb hatte man auch nichts gegen die Aufgabe der noch vorhandenen Synagogen, von denen manche die Reichspogromnacht 1938 überstanden hatten, jetzt aber heimlich beseitigt wurden, weil man vor Ort nicht an die Schande des Wegsehens erinnert werden wollte.
In Frankfurt aber bildete sich bald wieder eine Jüdische Gemeinde, die inzwischen zur größten in Deutschland geworden ist. Durch eine intensive Anteilnahme am öffentlichen Leben der Stadt wuchs sie in ein neues Selbstverständnis hinein; das erlaubte ihr, in der Westend-Synagoge ebenfalls an ihre Geschichte anzuknüpfen, in dem man auch der Innenarchitektur das ursprüngliche Bild wenigstens zum Teil zurückgab. Die Emporen, nach jüdischem Ritus obligatorischer Sitz der Frauen, die Säulen und unteren Wandbereiche wurden in den 80er Jahren nach den Resten der originalen Stuckornamente und der Farbfassung von 1908–10 rekonstruiert. In ihnen wird der ägyptisierend-orientalische Charakter als eine typische Haltung des Jugendstils am stärksten deutlich.

Frankfurt am Main, Hauptraum der Westend-Synagoge

Bad Homburg vor der Höhe, Erlöserkirche

Die Lehrstühle der Technischen Hochschulen waren zur Jahrhundertwende noch von den großen Baumeistern des Historismus besetzt, desgleichen die Architekturbüros, die die größten öffentlichen Aufträge erhielten. Für das Diplom musste man noch Entwürfe in allen wichtigen Stilarten von der Gotik bis zum Klassizismus vorlegen.

Erlöserkirche

Auf diese Weise hatte die um die Jahrhundertwende tätige Architektengeneration während des Studiums so detaillierte Kenntnisse der europäischen Baugeschichte erworben, dass sie sich davon trotz allen Strebens nach einem neuen Stil nicht freimachen konnte. Im Gegenteil, die historischen Formen wurden nun bis in die Details hinein so werkgetreu angewendet, dass man zum Beispiel den viertürmigen Bau der Erlöserkirche in Bad Homburg auf den ersten Blick für ein Werk des 12. Jahrhunderts halten könnte. Man fühlt sich an die Dome in Speyer oder Limburg erinnert. Das große Hauptportal folgt dem Vorbild der monumentalen Portale von St. Trophime in Arles und St. Gilles in der Provence. Beim Betreten des Inneren drängt sich ein Vergleich mit dem Markusdom in Venedig auf, und die große, zentrale Kuppel über den breiten Wandbögen erinnert an die Hagia Sophia in Instanbul. Die Inkrustationen aus hellem Marmor in den Feldern und dunklem als Rahmen gehen auf die Florentiner Baukunst des 11. Jahrhunderts zurück. Aus der Verschmelzung dieser historischen Elemente entstand jedoch ein durchaus eigenständiges, bis in das letzte Detail sorgfältig gestaltetes Gesamtkunstwerk. Es war vom Architekten Spitta 1902 begonnen und nach dessen Tod von Franz Schwechten bis 1908 vollendet worden. Schwechten hatte in Berlin den von Wilhelm II. persönlich begleiteten Wettbewerb für den Bau der Kaiser-Wilhelm-Gedächtnis-Kirche gewonnen und sie 1891–95 erbaut. Man kann in seiner Architektur also die offizielle Einstellung des preußischen Königshauses festmachen, in der die innovativen Ausprägungen des Jugendstils keinen Platz hatten.

Bad Homburg vor der Höhe, Inneres der Erlöserkirche

Marburg, Ernst-von-Hülsen-Bau

Die Universität Marburg feierte 1927 das 400-jährige Jubiläum ihrer Gründung durch Landgraf Philipp den Großmütigen. Ernst von Hülsen (1875–1950) war im Jubiläumsjahr Kurator. Seiner Initiative ist es zu verdanken, dass für die Universitätssammlungen ein Neubau in der Biegenstraße 11 errichtet wurde. Es handelt sich um einen der wenigen Universitätsbauten der 20er Jahre in Deutschland.

Ernst-von-Hülsen-Bau der Universitätssammlungen

In dem vom Architekten Hubert Lütke geschaffenen Museumsbau mischen sich traditionelle Formen mit progressiven. Während der Internationale Stil zur gleichen Zeit zum Beispiel bei der Weißenhofsiedlung in Stuttgart bereits durchweg das Flachdach einsetzte, wurde hier in Marburg noch ein relativ voluminöses Walmdach mit Schieferdeckung verwendet, wohl mit Rücksicht auf die historisch geprägte Dachlandschaft. Zwar liegt der Museumsbau außerhalb der Altstadt, er ist aber von der Oberstadt aus einzusehen. Der große, nur sparsam mit architektonischen Details ausgestattete Kubus des Baus spiegelt Tendenzen des Internationalen Stils wider, der sich aus einem Neoklassizismus in der Zeit um den Ersten Weltkrieg entwickelte, hier noch spürbar in der straffen Reihung der Fensternischen, bei denen die schmalen Wandfelder dazwischen den Charakter einer Pfeilerreihe erhalten.
In den Ornamenten über den drei Eingangstüren und den bis zum Boden reichenden Fenstern zeigt sich der Einfluss des Expressionismus eines Hans Poelzig

Ernst-von-Hülsen-Bau, Treppenhaus

oder Fritz Höger; noch deutlicher kehrt er in der bizarren Decke des Treppenhauses wieder. Die raumsparende Anordnung von Bücherregalen unter dem abgestuft ansteigenden Treppenlauf ist für die sehr rationelle, sparsame Form des Bauens in der Notzeit nach dem Ersten Weltkrieg charakteristisch.

Marburg, Ernst-von-Hülsen-Bau der Universitätssammlungen

Frankfurt-Höchst, ehemaliges Verwaltungsgebäude der früheren Hoechst AG

Im Juni 1920 beschloss der Aufsichtsrat der damaligen Farbwerke Hoechst unter Vorsitz von Dr. Walther von Rath auf Vorschlag des Generaldirektors Dr. Adolf Haeuser, für die auf viele Bauten verteilte technische Abteilung des Unternehmens einen Neubau zu errichten. Eine erste Planung wurde von der Bauabteilung der Farbwerke erarbeitet. Sie bestimmte nicht nur den unregelmäßigen Bauplatz inmitten bestehender Gebäude, sondern auch die funktionalen Anforderungen, die Gesamtlänge des Neubaus, die Lage der glasgedeckten Mittelhalle und der Nebeneingänge. Da man wohl mit den Dimensionen und dem Funktionsablauf, nicht aber mit der künstlerischen Qualität der Planung zufrieden war, wurde der in Berlin ansässige Peter Behrens mit der Überarbeitung beauftragt. Dieser war damals durch seine Werke für die Allgemeinen Elektrizitätswerke AEG in Berlin gerade in Kreisen der Industrie sehr angesehen, nachdem er 1909 die berühmte Turbinenhalle geschaffen hatte. Als Baumeister war er Autodidakt, denn er hatte zwar Malerei, aber nicht Architektur studiert. Zunächst fand er auch mehr mit ausgezeichneten Entwürfen für Möbel, Gläser oder Bestecke Beachtung. Jedoch zeigte Behrens mit seinem ersten Bauwerk, dem eigenen Wohnhaus auf der Mathildenhöhe in Darmstadt von 1901, bereits seine Fähigkeiten auf dem Gebiet der Architektur. Damals verwendete er die Formen des Jugendstils, die auch noch in der Turbinenhalle der AEG nachklingen.

Um den Ersten Weltkrieg wandte er sich mit der Deutschen Botschaft in St. Petersburg von 1911 und mit dem Continental-Verwaltungsgebäude in Hannover von 1913–14 dem Neoklassizismus zu. Seine Vielseitigkeit im Entwerfen sowohl von Bauten als auch von Kunstgewerbe aller Art behielt er stets bei, man würde ihn heute als Architekten und Designer bezeichnen.

Beim Verwaltungsbau der Farbwerke Hoechst schloss Behrens sich dem Backstein-Expressionismus an, wie er in den 20er Jahren von Hans Poelzig, Fritz Höger und Bernhard Hoetger vertreten wurde. Das wird besonders beim Betrachten der großen mittleren Halle deutlich, in die man vom Haupteingang nach Durchschreiten eines Vestibüls gelangt und die durch alle fünf Geschosse des lang gestreckten Gebäudes reicht. Mächtige, dreieckige, nach oben vorspringende Wandpfeiler gliedern die Wände, gemauert aus hart gebrannten, teilweise in den Farben Rot, Blau, Gelb und Grün glasierten Klinkern. Sie tragen die drei polygonalen Lichtkuppeln, deren Metallstege in kristallinen, expressiven Formen die Höhenentwicklung steigern. Das fast ausschließlich von oben einfallende Licht betont die bizarren Strukturen und ausdrucksvollen Farben dieses Meisterwerks des deutschen Expressionismus, das nach den Verlusten des Zweiten Weltkriegs zu einem der Hauptvertreter dieser Stilrichtung geworden ist.

Im Gegensatz zu der lebhaften Innenarchitektur strahlt der Außenbau Ruhe und Klarheit aus. Im horizontal ausgerichteten Sockelgeschoss betonen die schräg stehenden Wände die tragende Funktion, darüber fassen kräftige Wandpfeiler in enger, straffer Folge die beiden Hauptgeschosse zusammen. Die in tiefen Wandnischen zwischen ihnen angeordneten Fenster treten kaum in Erscheinung, sodass die vertikale Gliederung keine Unterbrechung erfährt. Das leicht zurücktretende Dachgeschoss betont wiederum die Horizontale, auch in der Reihung der Parabelfenster. Aus dem in der Mitte angeordneten Turm und dem Verbindungsbogen zum Nachbargebäude wurde – nach der Neugründung aus der aufgelösten Konzernmasse der IG-Farben – das Firmenzeichen der Hoechst AG entwickelt.

Ehemaliges Verwaltungsgebäude der früheren Hoechst AG

Inneres der großen Halle

Frankfurt-Höchst, Halle im Verwaltungsgebäude der früheren Hoechst AG

Frankfurt am Main, Römerstadt

Bereits am Ende des 19. Jahrhunderts entstanden im Zuge der immer stärker fortschreitenden Industrialisierung besondere Siedlungen für die Arbeiter. Sie wurden in den meisten Fällen von den Arbeitgebern errichtet, so in Frankfurt-Zeilsheim durch die Farbwerke Hoechst und in Frankfurt-Nied im Auftrag des Frankfurter Spar- und Bauvereins von Eisenbahnbediensteten eGmbH in den Jahren von 1918–30.

Ganz anders die rund 20 Siedlungen des „Neuen Frankfurt", wie sie unter Oberbürgermeister Ludwig Landmann und Stadtbaurat Ernst May 1924–30 verwirklicht wurden. Hier war die Stadt Frankfurt die Bauherrin. Zu den Nöten der Zeit nach dem Ersten Weltkrieg gehörte auch der eklatante Mangel an menschenwürdigen und bezahlbaren Wohnungen. Mit einem unvergleichbaren kommunalpolitischen Kraftakt gelang es innerhalb von wenigen Jahren, für 11 % der Bevölkerung Frankfurts neue Wohnungen zu schaffen; das heißt im Durchschnitt jährlich etwa 2000, zuvor waren es 1920 nur 215, 1921/22 je 90 und 1923 nur 126 Wohnungen gewesen. Finanziert wurde dieses ehrgeizige Vorhaben durch die Hauszinssteuer, zu deren Erhebung die Kommunen durch die 3. Steuernotverordnung der Weimarer Republik vom 1. April 1924 ermächtigt worden waren.

Eine auch nur einigermaßen spürbare Linderung der Wohnungsnot war nur durch die Standardisierung der Grundrisse der kleinflächigen Wohnungen und durch eine Rationalisierung der Bauweise zu erreichen. Bei diesen zum Teil schon mit Fertigteilen und genormten Fenstern und Türen entwickelten industriellen Baumethoden musste eine gewisse Gleichförmigkeit stereotyper Fassaden zwangsläufig die Folge sein. Um dennoch Monotonie zu vermeiden, bediente sich May städtebaulicher Mittel zur Gestaltung eines individuellen Wohnumfeldes. Dies gelang ihm und seinen Mitarbeitern H. Boehm und Berke am besten mit der Siedlung Römerstadt. Sie erhielt ihren Namen von der römischen Siedlung Nida, die bis zur Zerstörung durch die Alamannen an dieser Stelle lag. May fügte seine 1,5 km lange Siedlung geschickt und die Landschaft schonend in die Talaue des Flusses Nidda ein, er passte die Bebauung parallel zu den Höhenlinien und deren Schwung folgend an. Zwischen den Häuserzeilen ordnete er Hausgärten an und zum Niddatal Grünanlagen, die in bastionsartigen Terrassen enden, wohl eine Erinnerung an die römischen Mauern von Nida. Bauherrin war zunächst die Mietheim AG, später die Gartenstadt-Gesellschaft. Insgesamt entstanden hier 1220 Wohnungen, davon 618 in Einfamilienhäusern und 602 in Etagenhäusern. In den Etagenhäusern waren 50% Vierzimmer-Wohnungen mit je 75 qm, 30% Dreizimmer-Wohnungen mit je 66 qm und 20% Zweizimmerwohnungen mit je 48 qm.

Um trotz der begrenzten Wohnfläche das Wohnen so angenehm wie möglich zu machen, wurde mit dem verfügbaren Raum sehr rationell umgegangen. Dazu trug wesentlich die so genannte Frankfurter Küche bei, die von der Wiener Architektin Grete Lihotzky entwickelt und ab 1926 für die neuen Siedlungen in Frankfurt in großer Stückzahl produziert worden war. Sie löste die bis dahin für sozial benachteiligte Schichten übliche Wohnküche ab und prägte bis auf den heutigen Tag die auf die Rationalität von Arbeitsabläufen ausgerichtete „Wirtschaftszentrale" des Hauses. An die Stelle frei stehender Möbel traten eingebaute Schränke mit Metallspüle und Elektroherd. Die Römerstadt war die erste vollelektrifizierte Siedlung in Deutschland.

Römerstadt

Die Siedlung wird etwa in der Mitte durch die S-förmig geschwungene Hadrianstraße geteilt, östlich von ihr verlaufen die parallel geführten Straßen bogenförmig, wodurch bei den langgestreckten Zeilen von zweigeschossigen Flachdachbauten Einförmigkeit vermieden werden konnte. Im westlichen Teil verlaufen die Straßen geradliniger, die Zeilen sind jedoch durch Rücksprünge gegeneinander abgesetzt. Die Überleitung zwischen den beiden unterschiedlich angelegten Siedlungsteilen erfolgt durch zwei Großbauten an der Hadrianstraße. Zum gradlinigen Teil ist es der kubisch-rechteckige Baukörper der Reformschule, zum östlichen Teil mit gebogenen Häuserzeilen vermittelt ein langer, geschwungener Wohnblock mit vier Geschossen, dessen unteres, abgerundetes Ende die Einkaufsläden enthält.

Die Putzbauten zeigen nach außen durchweg einen weißen Anstrich, sodass die Römerstadt in der Landschaft als helles Band erscheint. Innerhalb der Straßenräume gab es farbig gehaltene Flächen, gemäß dem Prinzip von May, Abweisung nach außen und Geborgenheit nach innen zu schaffen. Die Siedlungen von Ernst May folgen der Gartenstadt-Idee, wie sie in England von Ebenezer Howard 1897 mit seinem Buch „Garden Cities of Tomorrow" zum ersten Mal propagiert und in der Gartenstadt Hamstead verwirklicht worden war. Diese war gerade im Bau, als May 1910–12 Mitarbeiter im Büro von Ramond Unwin war, das an der Gartenstadt Hamstead mitwirkte.

Erste Versuche, die Gartenstadt-Idee zu übernehmen, machte May mit seinen Planungen für Breslau, wo er ab 1921 als Technischer Direktor der Siedlungsgesellschaft „Schlesisches Heim" tätig war. Die Verwirklichung im großen Stil gelang ihm jedoch erst von 1925 bis 1930 mit seinen Siedlungen in Frankfurt, von denen die Römerstadt mit Recht die bekannteste ist.

Frankfurt am Main, Kopfbau des Wohnblocks in der Hadrianstraße der Römerstadt

Bad Nauheim, William-Kerckhoff-Institut für Herzforschung

William Kerckhoff, ein reicher Deutsch-Amerikaner stiftete den nach ihm benannten Bau des Instituts, der 1931 unter der Leitung des Architekten August Metzger entstand.
Ein niedriger, zurückliegender Mittelflügel wird von zwei höheren Seitenflügeln gerahmt, deren Schmalseiten durch wuchtige dorische Säulen hervorgehoben werden. Sie tragen ein schweres, unprofiliertes Gebälk, über dem Schatten bildenden Gesims ragt die Attika als harter horizontaler Abschluss auf. Dorische Säulen verwandte man im Historismus überwiegend für wehrhafte Bauten wie die Neue Wache in Berlin. Für ein Forschungsinstitut wären ionische Säulen angemessener, von Schinkel für ernsthaft feierliche Zwecke bestimmt. Wenn Metzger dennoch die dorischen wählte, dann bewusst zur Steigerung der Monumentalität. Das Pathos der monumentalen Kuben und Säulen, betont durch eine Reduzierung aller Schmuckformen auf das Notwendigste, lässt auf den ersten Blick an einen Bau des Dritten Reiches von Albert Speer oder Paul Ludwig Troost denken.

Treppenhaus im William-Kerckhoff-Institut

Doch täte man den Baumeistern des Neoklassizismus um und nach dem Ersten Weltkrieg Unrecht, wenn man sie mit Hitlers Staatsstil gleichsetzte. Hitler hatte lediglich bei seinen vergeblichen Versuchen, an der Kunstakademie in Wien zu studieren, die neoklassizistische Phase der Architekten Paul Bonatz, Peter Behrens, Heinrich Tessenow schätzen gelernt und übernahm sie ohne deren Zutun nach seiner Machtübernahme 1933 als Staatsstil. Hinzu kommt, dass der Neoklassizismus in Europa zur Zeit des Dritten Reiches auch außerhalb Deutschlands weit verbreitet war, etwa beim Trokadero in Paris oder beim Völkerbundpalast in Genf. Im weiträumigen Treppenhaus des William-Kerkhoff-Instituts tragen zahlreiche, schlanke, mit schwarzpoliertem Marmor verkleidete Pfeiler die Lichtdecke; die schrägen Wangen der Treppen und die Brüstungen der Galerien haben Verkleidungen aus bunten Marmorplatten. Diese kühle Innenarchitektur verleiht dem Raum in Verbindung mit der Büste des Stifters und den Gedenktafeln den Charakter eines Mausoleums.

Hörsaal im William-Kerckhoff-Institut

Bad Nauheim, William-Kerckhoff-Institut für Herzforschung

Frankfurt am Main, IG-Farben-Hochhaus

Am 2. Dezember 1925 fusionierten fünf Firmen zum bedeutendsten Chemiekonzern Deutschlands: Bayer-Leverkusen, Farbwerke Hoechst, Aktiengesellschaft für Anilinfarben Berlin, Chemische Fabriken Uerdingen und Chemische Fabrik Griesheim. Für dieses neue Großunternehmen wurde ein neues Verwaltungsgebäude benötigt, für das man im Frühjahr 1927 ein ausgedehntes Gelände im Norden der Stadt Frankfurt aus dem Besitz der Familie Rothschild für 5,7 Millionen Reichsmark erwarb. Bei einer Gesamtfläche von 351 839 qm ist das ein für heutige Verhältnisse lächerlich niedriger Preis von 16,20 Reichsmark pro Quadratmeter.

Man beschloss im Frühjahr 1928 einen beschränkten Wettbewerb auszuloben, und zwar unter den Architekten Paul Bonatz aus Stuttgart, Hans Poelzig aus Berlin, Fritz Höger aus Hamburg, Jacob Koerfer aus Köln, Ernst May und Martin Elsaesser aus Frankfurt sowie der Ludwigshafener Bauabteilung des Konzerns. Gefordert wurde eine Bürofläche von rund 23 000 qm, die sich bei späterem Bedarf um 50% erweitern lassen sollte. Für das beschäftigte Personal von 1600–1700 Kräften bei einem Verhältnis von Männern zu Frauen wie 6:1 waren vor allem Fahrradständer an den Portiergebäuden und nur 100 Stellplätze für Kraftfahrzeuge in Garagen gefordert.

Man unterschied bei der Bewertung der vorgelegten Projekte zwischen betriebstechnischen und architektonischen Vorzügen und vermerkte im Protokoll: „In betriebstechnischer Hinsicht gefallen insbesondere die Projekte von Fritz Höger und Ernst May/Martin Elsaesser, während das Projekt von Prof. Hans Poelzig architektonisch großen Beifall findet.“ Aus der Entscheidung vom 22. August 1928 mit dem 1. Preis für Hans Poelzig und der letzten, fünften Stelle für May/Elsaesser kann man ersehen, dass es dem Auftraggeber mehr auf die repräsentative Form als auf die betriebstechnischen Belange ankam. Oder sollte die linksorientierte Weltanschauung von May eine Rolle gespielt haben?

Für Hans Poelzig als Hauptvertreter des deutschen Expressionismus ist dieses Hochhaus in seiner schmucklosen Monumentalität sehr ungewöhnlich, er traf damit aber instinktiv den Geschmack der Konzernherren, die ihre neue wirtschaftliche Macht damit am besten zum Ausdruck gebracht sahen. Der riesige, gebogene Bau hat eine Gesamtlänge von 254 m. Seine sechs Querbauten sind außen 50,5 m tief und ragen damit nach Norden um 9,05 m über die mittleren hinaus, nach Süden beträgt der Vorsprung aller Querbauten 20,8 m, die Stirnbreite 10,9 m.

Der Bau hat sieben Vollgeschosse mit einer Gesamthöhe von 37,31 m in den Querbauten und 35,29 m im Längsbau. Dabei überragt das erste Obergeschoss mit den Büros des Vorstandes mit 4,48 m die anderen an Höhe, wobei das sechste Obergeschoss mit 3,84 m das niedrigste ist. Das Dachgeschoss des Längsbaus mit nur 1,81 m Höhe kann man hier nicht vergleichen, weil es ohne Fenster nicht in Erscheinung tritt, sondern nur Archive mit Oberlicht enthält.

Der Baubeginn erfolgte am 6. Dezember 1928

Teilansicht des IG-Farben-Hochhauses

Frankfurt am Main, Gesamtansicht des IG-Farben-Hochhauses

mit der Flachgründung auf Streifenfundamenten auf dem Basaltgeröll des Untergrundes. Die Baukonstruktion besteht aus einem Stahlskelett, in das 5000 Tonnen Baustahl von zwei Eisenbaufirmen verbaut wurden. Der Beginn der Montagearbeiten war am 3. Juni 1929, beendet wurden sie bereits am 30. September 1929. Danach erfolgte die Ausmauerung des Stahlskeletts mit Ringofen-Leichtsteinen und der Einbau der Decken aus 10 cm starken Hohlsteinen mit waagerechter Rabitzunterspannung. Wäre der Bau in diesem Zustand sichtbar geblieben, hätte er wegen der rationalisierten Baumethoden und seiner Funktionalität zu den Werken des Internationalen Stils zählen können. Die völlige Verkleidung mit geschliffenen Platten aus gelblichem Cannstätter Travertin aus Gründen der Repräsentation lässt ihn jedoch konventionell erscheinen. Nach der Zerschlagung des Konzerns IG-Farben diente das Bauwerk bisher den amerikanischen Militärbehörden. Nach deren Auszug fand sich glücklicherweise die seiner Bedeutung angemessene Nutzung für die Johann-Wolfgang-Goethe-Universität, hoffentlich kann sie ohne gravierende Veränderungen erfolgen.

Frankfurt am Main, Großmarkthalle zwischen Sonnemannstraße und Oskar-von-Miller-Straße

Ernst May holte nach seiner Berufung zum Baudezernenten der Stadt Frankfurt 1925 eine ganze Reihe junger, begabter Architekten nach Frankfurt. Darunter war auch der 1884 in Tübingen geborene Martin Elsaesser, der in München und Stuttgart studiert hatte und in Frankfurt künstlerischer Leiter des Hochbauamtes wurde. Elsaesser schuf Hallenschwimmbäder, Schulen und sein Wohnhaus in der Siedlung Höhenblick. Sein bedeutendstes Werk ist jedoch die Großmarkthalle.

Inneres der Großmarkthalle

Sie hat für ihre Entstehungszeit von 1927–28 von allen Bauten der klassischen Moderne in Hessen auf Grund ihrer gewaltigen Dimensionen am stärksten einen futuristischen Charakter. Es war eine Zeit, in der sich immer weniger Bürger selbst versorgen konnten, sie waren auf die Lebensmittelläden in der Nähe ihrer Wohnungen angewiesen. Die Versorgung einer immmer stärker wachsenden Großstadt mit Nahrungsmitteln war eine der wichtigsten Aufgaben des Städtebaues. Dabei spielten aus Gründen der „Volksgesundheit" leicht verderbliche Güter wie Gemüse, Obst und Milch eine zentrale Rolle. Zur Belieferung der vielen Einzelhändler brauchte man eine Großmarkthalle. Sie wurde nach den Plänen von Martin Elsaesser in so gewaltigen Dimensionen angelegt, dass sie noch heute ihre Aufgabe erfüllt.

Der Bauplatz im Osten der Stadt wurde gewählt, um durch den Zulieferverkehr die Wohngebiete nicht zu stören; doch lag sie immer noch nahe genug, sodass die Händler auch mit einem Karren ihr Geschäft erreichen konnten. Zur damaligen Zeit war die Großmarkthalle mit 250 m Länge und 50 m Breite die größte Markthalle in Deutschland. Achtgeschossige Kopfbauten von monumentaler Breitenwirkung rahmen die lang gestreckte, deutlich niedriger angelegte Halle. Zeigt diese eine eher vertikal strukturierte Rastergliederung aus Eisenbeton und Glas, so wurden die mit Klinkern verkleideten Kopfbauten durch Gesimse zwischen den Stockwerken wie auch die Fensterbänder eindeutig horizontal gegliedert. Dabei sind die Gebäudekanten in Fenster aufgelöst, die um die Ecke geführt worden sind. Das war ein beliebtes Motiv der Klassischen Moderne, erstmals hatte es 1908 Joseph Maria Olbrich beim Hochzeitsturm auf der Mathildenhöhe in Darmstadt angewandt.
Ein prägendes Element der Großmarkthalle sind die gläsernen Türme an den Schmalseiten der Kopfbauten, in ihnen sind die Paternosteraufzüge angeordnet. Der farbige Kontrast zwischen dem dunklen Klinkermauerwerk und den hellen Betonteilen erfuhr eine starke Belebung durch den intensiv roten Anstrich der Fenster.
Während die Kopfbauten Büroräume enthalten, wird der Mittelteil in voller Länge und Breite von der eigentlichen Großmarkthalle eingenommen. Das Untergeschoss dient der reibungslosen Andienung der Produkte, die in der eigentlichen Halle angeboten werden. Der gewaltige Raum wird von der mächtigen, trapezförmigen Tragwerkskonstruktion eingenommen, die aus Querträgern und schrägen Stützen aus Stahlbeton besteht. Im Raumbild kaum wahrnehmbar schließen Quertonnen den Raum nach oben ab, die in drei Kompartimenten von je fünf Jochen angeordnet sind. Querstege verbinden äußere Galerien miteinander und unterstreichen den Rhythmus des Raumes.

Frankfurt am Main, Großmarkthalle zwischen Sonnemannstraße und Oskar-von-Miller-Straße

Orts- und Personenregister